Nein! ganz vergeh' ich nicht:
mag auch zu Staube werden
Was der Verwesung Raub,
der Leib, den man begräbt —
Im Liede lebt mein Geist,
so lange noch auf Erden
Auch nur ein einz'ger Dichter lebt.

S.A. Puschkin aus "Das Denkmal"

Copyright: Hartmut Moreike
Ahrensfelde/St. Petersburg 2018
Herstellung und Verlag: BoD - Books on Demand,
Norderstedt
ISBN 978-3-7528-6953-8
Verkaufspreis: 6,00 Euro

Puschkins

Wiedergeburt

von

Hartmut Moreike

Es ist eine unerhörte Geschichte und dennoch ist sie wahr. Puschkin, so die Meinung von ernst zu nehmenden Menschen in Russland, sei wiedergeboren worden. Nicht seine Poesie, die ohnehin unsterblich ist und zu Europas herausragenden Schätzen der Kultur zählt. Sondern die Zeichnungen eines kleinen Mädchens, deren Skizzen von den Randkritzeleien Puschkins auf seinen Manuskripten nicht zu unterscheiden sind. Dieses talentierte Mädchen hieß Nadya Rusheva. Ihre Zeichnungen gleichen denen von Puschkin in Stil und Ausführung so frappierend, dass es selbst Kunstexperten schwerfällt, sie zu unterscheiden.

Puschkin war, ohne das Genie zu beleidigen, ein Amateurzeichner. Mit schneller Feder zeichnete der Poet in seinen Arbeitsheften - nachdenkend und „nur für sich" - am Seitenrand neben vielfach korrigierten, durchgestrichenen und überschriebenen Zeilen und Zeichen. Mitunter, wie im Poem „Ruslan und Ludmilla" auch inmitten der Texte oder aber auch groß auf einem gesonderten Bogen. Puschkin hatte auch die Angewohnheit während der Unterhaltung mit Freunden, in einem engen Kreis, mit Gänsefeder oder Bleistift zu skizzieren. So entstanden manchmal ganze Portraitsuiten als graphische Impressionen einer Unterhaltung und Vorstellungen über das Aussehen von Menschen, mit denen Puschkin verkehrte.

Für die in Adelskreisen zu Puschkins Lebzeiten populären, von jungen Frauen geführten Alben zeichnete Puschkin Portraits von gemeinsamen

Bekannten, Landschaften und Profile als eine graphische Ergänzung zu geistreichen und witzigen Eintragungen oder zu treffenden Vierzeilern.

Die meisten im Freundeskreis entstandenen und „publizierten" Zeichnungen sind scherzhaft und mit scheinbar spielerischem Strich hingeworfen. Bekannt sind Puschkins graphische Schelmenstreiche. Als er einmal auf dem Weg von Odessa nach

Michailowskoje, dem kleinen, sehr bescheidenen Gut bei Pskow war, das seit 1742 der Familie Puschkin gehörte, einen Bekannten nicht antraf, hinterließ er für ihn einen Zettel mit seinem Selbstbildnis anstatt einer geschrieben Nachricht.

Selbstbildnis des Dichters

Puschkin zog es immer wieder auf das Landgut, wo er Muße fand für seine Gedichte und von dem er sagte, dass er zwar in Moskau geboren wurde und dort auch mit Natalia Gontscharowa, einer ausgesprochenen russischen Schönheit, in einem kleinen Kirchlein in der Nähe der historischen Moskauer Straße Arbat den Bund der Ehe schloss, aber seine geistige Heimat sei eben dieses Michailowskoje.

Puschkins Frau - gezeichnet Nadeshda Rusheva

Natalia Puschkina - Porträt von Karl Brjullow

Aber bis zur Hochzeit hatte sich der junge Puschkin im wahrsten Sinne des Wortes ausgetobt. Nach seiner Lyzeumszeit zwar im Außenministerium angestellt, verspürte der Hitzkopf Puschkin nicht die geringste Lust, ein regelmäßiges Leben eines kleinen, schlecht bezahlten Beamten des 9. Grades zu führen. So begann er seinen Dienst mit einem mehrwöchigen Urlaub und stürzte sich Kopfüber in die Vergnügungen der Hauptstadt. Sein

Klassenkamerad aus Zarskoje Selo, Baron Korff, der die Sache ernster anging und es bis zum Grafentitel und Staatssekretär brachte, schildert anschaulich das Treiben des jungen Puschkin, der trotz schmalen Salärs einen Herrn vom Stande spielte: *„Schon im Lyzeum übertraf Puschkin alle Kameraden an Sinnlichkeit..."*

Puschkin als Zwölfjähriger von Nadja Rusheva

Hier spielt Korff auf Puschkins Anhimmlung des 16jährigen Hoffräuleins Bakunina an, das er im Park von Zarskoje Selo begegnete. In Puschkins

9

Don-Juan-Liste an erster Stelle der platonischen Liebschaften auftauchte.

Puschkin als Lyzeumsschüler - von Nadja Rusheva

Der jungen Bakunina verdankt die Nachwelt eines der schönsten Liebesgedichte des jungen Poeten:

An ***
O frag doch nicht, warum oft unter Scherzen
Der Trübsinn jäh und hart mich überfällt,
Warum mein Blick verdunkelt voller Schmerzen
Und ich verzweifle an der Liebe Welt.

O frag mich nicht, warum ich kühl verschmähe
Der Liebe Freude und der Liebe Qual,
Warum ich meide jedes Mädchens Nähe…
Wer einmal liebte, liebt nicht noch einmal.

Vergangnes Glück kann nie mehr wiederkehren!
Und jede Liebe welkt dann vor der Zeit;
Von allen Freuden, allen Liebesmären
Bleibt nur die Wehmut uns als Trost im Leid.

Aber diese lyrisch-romantische Rückschau ist typisch für Puschkin, auch viele Jahre nach dieser Jugendschwärmerei für dieses reizenden Hoffräulein, dem auch das Gedicht „Die Träne" zugeschrieben wird.

„*Später*", so Korffs Erinnerungen an die Zeit nach Zarskoje Selo weiter, „*stürzte er sich in jede Art von Ausschweifung und verbrachte Tag und Nacht in einer ununterbrochenen Kette von Bacchanalien und Orgien. Es ist erstaunlich, wie seine Gesundheit und sein Talent diese Lebensweise aushalten konnten, deren natürliche Begleiterscheinung eine ganze Reihe von Krankheiten mit nichtrussischem Namen war, die ihn oft an den Rand des Grabes brachten. Zwei Elemente herrschten bei ihm vor: die Befriedigung seiner sinnlichen Begierden und die Poesie; in beidem leistete er Außergewöhnliches...Immer ohne einen roten Heller, oft sogar ohne anständigen Abendanzug, ständig in Skandalgeschichten und oftmals in Duelle verwickelt, intim* bekannt mit allen Petersburger Kneipiers, Bordell-wirtinnen und Freudenmädchen, war Puschkin der Typ des übelsten Lüstlings."

Und Alexander Turgenjew bemerkt: *„Seine Krankheit war die erste Amme seines Poems"* und später noch einmal: *„Venus hat Puschkin an sein Bett und sein Poem gefesselt".*

Auch Alexander Turgenjew äußerte sich einmal ähnlich: *„Puschkin erzählt Shukowski jeden Morgen, dass er die Nacht nicht geschlafen hat. Er verbringt seine Zeit damit, Bordelle, mich und die Fürstin Golizyna aufzusuchen, und abends Karten zu spielen."* Die Lustkrankheiten mit nichtrussischem Namen zwangen den genialen Dichter oft das Bett zu hüten und ironischer Weise trugen sie so dazu bei, dass er 1818 sein erstes großes Werk, das Poem „Ruslan und Ljudmilla" schrieb.

Wenn Puschkin lange vor seiner Ehe nicht dichtete oder las, wenn er nicht an seiner Autobiografie arbeitete oder sich aus historischen Werken Notizen machte in Michailowskoje, wo er an seine Freunde oft über tödliche Langweile schrieb, dann besuchte er gern das Nachbargut Trigorskoje, das inmitten bewaldeter Hügel am Flüsschen Sorotj lag. Dort, bei Madame Ossipowa-Wulff, einer Witwe von 43 Jahren, lebte der oft unter nachdenklichen, ja fast depressiven Phasen leidende Puschkin sichtbar auf, war wie verwandelt, ausgelassen und sprühte vor Witz und Einfällen.

Das Landgut Michailowskoje

Denn in dieser abgeschiedenen Idylle lebten die Töchter der Gutsherrin aus erster Ehe, die 25jährige Anette und die 15jährige Jewpraxia, genannt Zizi. Anette war in den Dichter unglücklich verliebt und der wiederum, was die Hausherrin nicht ohne Sorge beobachtete, bevorzugte die heranwachsende Schönheit Zizi. Gern ließ er sich von den jungen Damen Klavierauszüge der neuesten Rossini-Opern vorspielen, doch sein Flirten blieb oberflächlich. Das sah Madame Ossipowa-Wulff mit gemischten Gefühlen, Zizi war noch viel zu jung und Anette sollte längst schon unter der Haube sein.

Im Gegensatz dazu gestaltete sich sein Liebesverhältnis zu der jungen Leibeigenen Olga Kalaschnikowa, deren Folgen bald bei der jungen Frau sichtbar waren. Sie wurde mit guten Worten und genügend Geld versehen mit ihrer Familie auf das Gut von Puschkins Vater Boldino im Gouvernement Nishni Nowgorod gebracht, wo sie nach neun Monaten ihren Sohn Pawel das Leben schenkte, der schon einjährig starb.

Später floh Puschkin vor der Cholera, die 1830 in Moskau wütete, auch nach Boldino, wo er innere und äußere Ruhe zum Arbeiten fand. Der Dichter arbeitete wie im Rausch. Er schrieb in diesen drei Monaten mehr als dreißig Gedichte. Seine Lyrik

erreichte dabei nach Einschätzung von Literatur-
kritikern sowohl in Quantität und Qualität Ihren Höhepunkt. Außer den fünf Erzählungen Belkins voll-
endete er das letzte Kapitel von „Jewgenij Onegin".
„Jewgenij Onegin", obwohl ein Poem mit nur sehr
wenigen handelnden Personen, wurde dennoch ein
Gesamtbild der russischen Adelsgesellschaft, nicht
weniger als Tolstois „Anna Karenina".

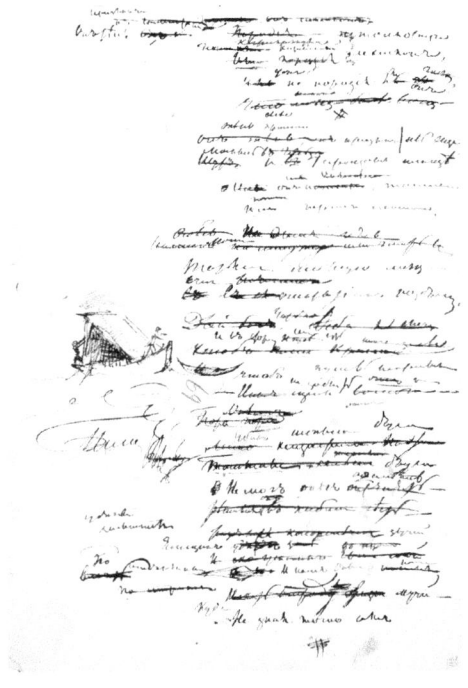

Manuskriptseite aus "Jewgenij Onegin"

Der russische Literaturkritiker, Publizist, Linguist und Philosoph Wissarion Belinski sagte begeistert: *„Puschkins Jewgenij Onegin ist eine Enzyklopädie des russischen Lebens!"*
Auch die Schauspielerin Kolosowa, die mit dem jungen Puschkin in Sankt Petersburg vor seiner Verbannung umgegangen ist, was immer das bedeutet, erinnerte sich: *„Puschkin ... schrieb ein paar Seiten ihres Albums mit sehr lieben Gedichten voll und zeichnete etwas. Ich und meine Freundinnen machten den Umschlag des Albums mit allerlei Schnörkel, 'Federproben', karikatureskn Frätzchen bunt".* Und Puschkin war so versiert, dass er alle diese Schnörkel und flüchtigen Federzeichnungen vom Papierumschlag des Einbands kopierte. Er nahm den Originalumschlag an sich und ersetzte ihn durch die Kopie, und zwar so kunstvoll, dass wir diese 'Fälschung' von den Damen lange nicht bemerkt wurde.

Interessant ist auch die von Iwan Puschtschin, einem Jugendfreund Puschkins und wie Puschkin Lyzeumszögling in Zarskoje Selo, dessen Schwester die erste große Liebe Puschkins war, erzählte folgende Geschichte: *„In meiner Nähe, an der Mojka, wohnte Angelika - eine äußerst liebreizende Polin! Auf das Übrige - einen Vorhang! Als ich einmal vom Unterricht nach Hause zurückkam, fand ich auf dem Schreibtisch ein großes, entfaltetes Blatt Papier. Das war mit Feder ein mir bekanntes Zimmer gezeichnet, mit einem großen Wandspiegel, zwei Couchen. Auf einer Couch sitzt, sich lümmelnd, eine gar beleibte Frau, fast ein Abbild unserer hässlichen Tante Angelika. Zu ihren Füßen - Striks, kleiner, unerträglicher Hund. Unterschrieben: 'Von ihr zu mir oder von mir zu ihr?' Man brauchte nicht zu raten, wer da vorbeikam.“*

Was Frauen anging, so war Alexander Puschkin nicht wählerisch und ein wahrer Babnik, wie hierzulande die Schürzenjäger heißen. Er ist wie immer dauerhaft verliebt in wechselnde Schönheiten. Zu ihnen gehörte auch die junge Aglaja Dawydowa, eine recht junge Gattin eines in die Jahre gekommenen Generalmajors. Sie wird von Zeitgenossen als sehr hübsch, kokett und etwas leichtsinnig beschrieben. Auf dem Gut Kamenka der Dawydows weilte Puschkin als 21jähriger einige Wochen zu Besuch und widmete der schönen lebensfrohen Gastgeberin folgende Verse:

An eine Kokette
Wie dumm, zu glauben, was ich schwor,
Als ich begann, um sie zu werben!
Es kommt nur in Romanen vor,
Dass Leichtfüße vor Liebe sterben.
Sie sind heut dreißig Jahre alt
Mehr würden sie nicht zugestehn ,
Ich selber, einundzwanzig bald,
Hab viel schon von der Welt gesehn.
Schwüre und Tränen habe ich
Schon oft genug erkannt als Possen.
Auch Sie, Madame, hat sicherlich
Verrat nicht selten tief verdrossen.
Wir wurden durch Erfahrung klug
Sinnlos, sich darüber zu belehren -,
Was Liebe heißt, ist Selbstbetrug,
Drei Wochen dürfte sie kaum währen...
Mit Freundschaft fing es bei uns an,
Wars Laune oder Langeweile,
Der eifersüchtige Ehemann...
Schuld haben wir zu gleichem Teile.
Sie heuchelten Schamhaftigkeit,
Ich tat, als stürbe ich vor Verlangen.
So schwor ich...doch nach kurzer Zeit
Ist jeder seinen Weg gegangen.
Sie warfen sich an Kleons Brust,
ich wurde mit Natascha glücklich.
Bis dahin war uns klar bewusst,
Dass es vernünftig sei und schicklich,

Wenn wir in Zukunft ohne Streit
Uns freundschaftlich begegnen können.
Warum vergessen Sie nun heut,
Wie klug es war, dass wir uns trennten?
Warum erwecken Sie erneut
Das graue Altertum zu Leben
Und predigen wie zu jener Zeit,
Als es noch Recken hat gegeben,
Von Liebe, die vor Schwermut blind,
Von Eifersucht und Treueschwüren?
Ich bin ein Dichter, doch kein Kind!
All das kann heute mich nicht rühren!
Der Jugend Leidenschaft verklingt
Im Alter, das uns Reife bringt…
Sie sollten, der Vernunft in Ehren,
Ihr schönes Töchterlein also belehren:
Der Jugend steht Verliebtheit an,
Sie mag sich einen Spaß draus machen,
Auch Tränen heucheln dann und wann,
wir sollten nur darüber lachen!

Die Damen machten es dem charmanten und witzigen Dichter oft auch nicht all zu schwer. Puschkin führte sogar Buch über seine Siege und führte die berühmte Don-Juan-Liste. Er war stolz auf jedes Liebesabenteuer wie auf jede Intrige. Nicht dass er sich im Stillen über seine Eroberungen erfreute und als Kavalier schweigend genoss, Puschkin teilte jede neue Liebschaft den Freunden mit. An einen

19

Freund schrieb er: *„Habe mit Gottes Hilfe die Kern..."* Statt der drei Punkte, wie in der Puschkin-Gesamtausgabe, steht im Original ein recht obszönes Wort für beischlafen.

Puschkin und Anna Kern – von Nadeshda Rusheva

Bildnis von Anna Kern

An A. P. Kern
O Stunde seliger Vereinigung,
Wo du erschienst mit holdem Gruß,
Gleich einer flüchtigen Erscheinung,
Der reinsten Schönheit Genius!

In hoffnungslosen Sehnsuchtsqualen,
In dieses Lebens Wogenprall,
Sah ich dein Engelsauge strahlen
Und hörte deiner Stimme Schall.

Es schwanden Jahre. Meine Qualen
Begrub des Lebens Wogenschwall,
Und deiner Engelsaugen Strahlen
Vergaß ich, deiner Stimme Schall!

Verbannt, in düstrem, dumpfem Sehnen
Floß träg und kalt dahin mein Blut -
Ach, ohne Gottheit, Leben, Thränen,
Begeisterung und Liebesglut!

Da schlug die Stunde der Vereinigung
Und du erschienst mit holdem Gruß,
Gleich einer flüchtigen Erscheinung,
Der reinsten Schönheit Genius.

Nun schlägt mein Herz in trunknem Sehnen
Und feurig schießt dahin mein Blut -
Mich rufen Gottheit, Leben, Thränen,
Begeisterung und Liebesglut!

Aber sein Leben bestand nicht nur aus fremden Betten und Spieltischen, der kluge, junge Mann wurde auch in den Salons des Hochadels und im Kreis der fortschrittlichen Petersburger Intellektuellen gern gesehen, schon wegen seiner geistreichen Anekdoten und Stehgreifverse. Die fortschrittlichen Geister der Hauptstadt liebten ihn wegen seiner scharfen Zunge und Verse, die das absolutistische System scharf kritisierten. Einmal musste er sich wegen einiger Spottgedichte verantworten, in denen er Persönlichkeiten des öffentlichen Lebens wie den Kriegsminister und den Bildungsminister lächerlich gemacht hatte. Er verkehrte im Literaturcafé auf dem Newskij Boulevard, wo er ausländische Zeitungen und Journale las und war auch in der Theater- und Literaturgesellschaft „Grüne Lampe" oft zu Gast. Außerdem hielt er es für seine Pflicht, sich in alle hübschen Frauen und Mädchen zu verlieben, die ihm begegneten. Doch in Wahrheit, in der Tiefe des Herzens, hatte er nur eine Geliebte, Euterpe, die Muse der Dichtkunst.

Die größte Zahl aller überlieferten und erhaltenen Zeichnungen von Puschkin schmücken seine Originalmanuskripte. Sie sind vor allem im Puschkin-Museum sowohl in Michailowskoje als auch in St. Petersburg zu sehen, dort wo der Dichter seine letzten Lebensjahre verbrachte. Leider ist nur ein Teil dieser ungezählten Zeichnungen überliefert

worden, weil Puschkin auch die Briefe an seine
Freunde und zeitweiligen Geliebten mit Skizzen
schmückte. So zum Beispiel auch das spaßhafte
Selbstportrait mit einer Mönchskappe. Auge in Auge mit dem die Zunge herausstreckenden Luzifer.

Freunde berichteten, dass Puschkin immer in
großen Heften schrieb, weil er Platz brauchte für
seine Einfälle und Ideen und weil er beim Feilen am
Ausdruck selbst Worte und Zeilen immer wieder
durchstrich.

Und dabei entstanden auf den Seiten ganze graphische, eigenständige Geschichten. Sprunghaft in der Niederschrift, in den Gedanken und in den Zeichnungen, sind die Randnotizen und Skizzen die Ergebnisse augenblicklicher Intuitionen und in der Tat machte der Dichter nie Bleistiftskizzen seiner Bilder. Die Feder war sowohl seine Waffe als auch sein Zeicheninstrument. Sie war sein geliebtes wie folgsames Werkzeug und nur schwer lässt sich erraten, was gerade im Kopf des Poeten vorging, denn die Seiten sind voll von Schnörkeln und Vögeln, von Gliedmaßen, von Porträts von schönen Frauen und Landschaften.

Bildnis seiner Kinderfrau Ariana Rodijonovna oder seiner Großmutter Maria Alexejevna

Oft schienen die Randzeichnungen in den Manuskripten keinen Bezug zum Text zu haben und spiegeln mehr die seelische Situation des Verfassers in dem Augenblick wieder und stehen in direktem Zusammenhang mit seinen Tagebuchaufzeichnungen. So nach der Hinrichtung und Verbannung der Adelsrevolutionäre von 1825, der Sieger über Napoléon, die in Westeuropa die bürgerlichen Freiheiten kennenlernte und nun dem Gendarmen Europas, wie der grausame Zar Nikolaus I. genannt wurde, den Eid und den Gehorsam verweigerten.

Puschkin war tief erschüttert, waren doch unter den Verurteilten und Verbannten viele seiner Freunde, so dass er in Gefahr geriet, von Zar Nikolaus I. in die Erzgruben Sibiriens zur Zwangsarbeit verschickt zu werden. Die Geheimpolizei deckte Puschkins Beziehungen zu den Verschwörern auf und überreichte dem Zaren eine Mappe mit Dokumenten und Versen des Künstlers, die Nikolaus I. die Zornesröte ins Gesicht trieben. Er räsonierte:

„Die russische Literatur sollte von harter, gerechter Hand geleitet und mehr als alle anderen Künste dem Thron und damit Russland dienen. Punktum!"

Der Dichter wurde in die Provinz nach Kischinjow verbannt, einer Gegend, für die Katharina II. viele deutsche Auswanderer zur Erschließung des Landes angeworben hatte. Seit 1818 war die kleine Stadt Verwaltungssitz vom Osmanischen Reich an Russland im Frieden von Bukarest 1812 abgetretenen Gouvernements Bessarabien.

Kischinjow genoss am Rande des Reichs und als Strafversetzungslager für Unzufriedene und Aufmüpfige keinen guten Ruf. Alexander Sergejewitsch Puschkin schrieb über die Stadt:

„O Kischinjow, o dunkle Stadt! Verfluchte Stadt, die Zunge wird nicht müde, Dich zu beschimpfen."

Manuskriptblatt mit erhängten Dekabristen

Zar Nikolaus I. hatte den „Jakobiner" Puschkin auch verbannt, weil er nicht nur seine Sympathie mit den Adelsrevolutionären in Versen bekundete, sondern auch noch ihren hochadligen Gattinnen ein literarisches Denkmal setzte, die ihren Ehemännern unter Verlust aller Rechte ins unwirtliche Sibirien folgten. Für solche Zeilen wie:

Ich will der Welt die Freiheit singen,
Bloßstellen das Laster auf dem Thron...

27

...Und heute lernt, ihr Zaren, dies
Dass keine Strafe, keine Ehren,
Dass kein Altar und kein Verlies,
Euch einen sicheren Schutz gewähren.

Wollte der Zar Alexander Puschkin auch dorthin schicken, wo die besten Söhne des russischen Volkes in Ketten das Erz aus dem Fels schlugen? In Zarskoje Selo wetterte Nikolaus I., dass dieser Puschkin nach Sibirien geschickt werden müsse, weil er ganz Russland mit aufrührerischen Versen überschwemmen würde, die die verdorbene Jugend bereits auswendig kennt. Nur dank der Fürsprache des Direktor des Lyzeums Engelhardt und des Erziehers der Kinder des Zaren Shukowski entging Puschkin dieser harten Strafe, weil diese klugen Leute das große Talent des noch jungen Poeten erkannt hatten, der trotz seiner Jugend schon eine Zierde der russischen Literatur war und von dem für die Zukunft noch Großes zu erwarten sein würde.
1828 war Puschkin wieder in Moskau und ließ auf dem Gut Malinki enttäuschte Damen zurück, die er mit einem Gedicht tröstete:
So wie ich früher war, bin ich auch heute noch:
Sorglos und rasch verliebt.
Ihr Freunde kennt mich doch.
Kann Schönheit nicht ansehn ohne Bewegung
Und ohne zärtlich heimliche Erregung!
Spielt Liebe mir nicht manchen bösen Streich,

Und flattre ich nicht oft dem jungen Falken gleich,
Im trügerischen Netz, das Aphrodite mir bereitet:
Doch unverbesserlich, auch hundertmal verleitet,
Weih wieder ich neuen Göttinnen mein Gebet.

Der russische Historiker Alexander Turgenjew, der
mit Puschkin befreundet war, stellte verwundert
fest, dass Puschkin schon drei Wochen in Moskau
war und sich noch nicht wieder verliebt hatte. Aber
der Dichter hatte auf einem der Bälle, die veran-
staltet wurden, um junge Adlige unter die Haube zu
bringen, die sechszehnjährige Debütantin Natalia
Gontscharowa, eine unumstrittene Schönheit, kennen gelernt. In ihrem luftigen, weißen Ballkleid und
mit einem goldenen Reif im Haar machte sie auf ihn
einen tiefen Eindruck. Mit ihrem leichten Silberblick
erschien sie noch anziehender. Puschkin konnte

29

seine Augen nicht von dem Fräulein lassen, das streng orthodox erzogen war. So blieb es bei einer formlosen Vorstellung.

Puschkin zeichnete sich mit Natalia auf dem Ball

Und obwohl er sich danach in flüchtige Liebeleien verlor, schwebte ihm das Antlitz der jungen Gontscharowa oft vor Augen. In St. Petersburg verfiel der junge Dichter wieder in sein altes Laster. Er spielte die Nächte hindurch, besuchte Bordelle und offenherzige Schauspiele-rinnen, trank bis zum Morgengrauen. Als der zwanzigjährige Nikolai Gogol dem Dichter ein einem recht späten Vormittag seine Aufwartung machen wollte, da erklärte ihm der Diener, dass sein Herr noch schliefe. Und als Gogol naiv fragte, ob denn Puschkin denn die ganze Nacht durchgearbeitet hätte, hielt sich der

Diener die Hand vor den Mund, um nicht laut zu lachen: *„Von wegen Arbeit, am Kartentisch hat er gesessen und sicher wieder verloren."*

Gogol schaut auf Puschkins leeren Schreibtisch

Puschkin selbst ist mit seinem Leben, dem Einerlei unzufrieden und sucht eine neue Herausforderung, ja ein gewagtes Abenteuer. Er meldet sich freiwillig für den Russisch-Osmanischen Krieg im Kaukasus. Aber als politisch unzuverlässiges Subjekt wurde er nicht eingestellt. So beschloss er, seinen Bruder zu besuchen, der in Armenien als Offizier diente.

Puschkin im Kaukasus

Auf den Weg dorthin machte im März 1829 in Moskau Zwischenstation und verkehrte im Hause Uschakow. Er hatte seine Verlobung mit Anette Olenina, der Tochter des Akademiepräsidenten und Staatsrates gelöst und flirtete mit der schönen Katharina Uschakowa, die auf einen Antrag des Dichters hoffte. Doch der dachte nur an das Zauberwesen Natalia Gontscharowa, an deren Haus er immer öfter vorbeifuhr. Er schrieb seiner künftigen Schwiegermutter, die natürlich die Gerüchte und den Klatsch um Puschkin, von seiner Spielsucht und seinen Amouren wusste, und dennoch nicht mehr klar gegen eine Hochzeit war. Sie gab nur zu Bedenken, dass ihre Natalia noch viel zu jung zum Heiraten sei und so weiter. Das ermutigte Puschkin, ihr einen höflichen Brief zu schreiben:

„Auf Knien, mit Tränen der Dankbarkeit müsste ich Ihnen schreiben, jetzt, da Graf Tolstoi mir Ihre

Antwort gebracht hat: Die Antwort ist ja keine Absage, Sie gestatten mir zu hoffen. Wenn ich dennoch murre, wenn sich Trauer und Bitterkeit in das Gefühl meines Glücks mischen, zeihen Sie mich nicht der Undankbarkeit. Ich verstehe die Weisheit und die Zärtlichkeit einer Mutter. Verzeihen Sie die Ungeduld eines kranken und von Glück trunkenen Herzens. Ich reise jetzt ab und nehme in der Tiefe meiner Seele das Bild jenes himmlischen Wesens mit, das Ihnen seine Existenz verdankt."

Nadja Rusheva zeichnete die Szene, so wie sie sich vorstellte, dass Puschkin um die Hand von Natalia Gontscharowa anhält.

Seiner Angebeteten sandte er zur gleichen Zeit ein Gedicht, indem er seine Liebe gesteht und um ihr Vertrauen bittet, Zeilen, die Weltliteratur wurden.

„Drück ich dich an mein Herz und schwöre
Ganz zärtlich flüsternd dir ins Ohr,

Dass ich dich liebe und verehre
Wie keine andere je zuvor,
Dann lächelst du, suchst zu entwinden
Aus meinen Armen dich sofort,
Du fürchtest, dich an mich zu binden,
Als glaubtest du mir nicht ein Wort.
Hälst meine Schwüre für erlogen,
Misstrauisch hörst du kaum noch hin,
Meinst, weil ich andere betrogen,
Dass ich noch heut nicht besser bin.
Ich fluche meiner Jugend Leiden,
Den Gärten in verschwiegner Nacht,
Dem Warten auf ersehnte Freuden,
Das oft zum Frevler mich gemacht!
Leichtfertig habe ich zu Zeiten
Geschwätzt, geschrieben manch Gedicht,
Gespielt mit Lieb und Zärtlichkeiten
Mit Glauben, Hoffen und Verzicht.

Doch es sollte noch ein volles Jahr vergehen, bis
sein Flehen erhört und Natalia seine Frau wurde.
Aber die Ehe wurde unter schlechten Vorzeichen
geschlossen. In dem kleinen Kirchlein fiel der
Trauring zu Boden und als sich Puschkin danach
bückte, stieß er Kerzen auf dem Altar um und beinahe wäre das historische Gotteshaus ein Raub der
Flammen. Madame Gontscharowa, die Brautmutter,
fiel in Ohnmacht.

Doch viele seiner Zeichnungen auf Manuskripten zu seinen Gedichten, Märchen, Erzählungen, Romanen und Dramen sind bis heute ein Rätsel und Gegenstand umfangreicher Forschungen. Andererseits deuten viele Randzeichnungen unmittelbar auf das Gedichtete hin, illustrieren diese. Dann sind sie selbst in den Reinschriften auf den Manuskripten zu finden, wobei Puschkin selbst einige Titelbilder entwarf.

Titelblatt zum Märchen vom goldenen Hahn

35

Die von Puschkin in beinahe fetischhaft besunge-
nen und so oft gezeichneten weiblichen Füßchen
sind in einigen Manuskripten kühn metaphorisch
dargestellt. In schmale Ballettschuhe gezwungen,
erinnern sie an die Schreibfeder, das Werkzeug des
Dichters und Zeichners. Puschkin war ein Theater-
gänger, ein Ballettomane, denn ihn begeisterte
nicht nur die Musik, sondern vor allem die jungen
grazilen Tänzerinnen im klassischem Ballett.

Wenn man von der äußerst persönlichen Neigung Puschkins zum weiblichen Geschlecht, das er auch in seinen Werken durchaus nicht nur schwärmerisch romantisch, sondern auch ironisch thematisierte, absieht, so waren die schlanken weiblichen Beine, zierlichen Füße, schmale Taillen für ihn der Inbegriff der klassischen Schönheit.

Seine Tagebücher sind übervoll von Porträts von schönen, verehrten und geliebten Frauen und von Bekannten, wie Nikolai Gogol und Freunde und es ist für Puschkin-Forscher eine wahre

Sisyphusarbeit, aus dieser Flut von Federzeichnungen Köpfe und Profile konkreten Personen
zuzuordnen.

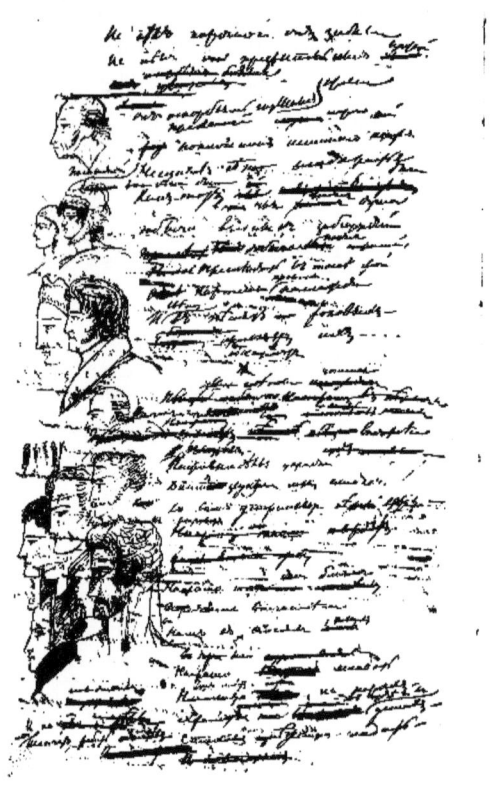

Auch in den Tagebüchern seiner Reisen fehlt es
nicht Zeichnungen. Gern sah sich Puschkin hoch zu
Ross, als Streiter im Kaukasus oder einfach bei einem Ritt zum Nachbargut.

Wer aber gab 1837 den tödlichen Schuss auf Alexander Puschkin ab? D'Anthes! Dieser d'Anthes war des langweiligen Landlebens in Frankreich müde und nach Sankt Petersburg gekommen, um sein Glück zu machen. Dank seiner einflussreichen Protektion wurde er als Kornett in die Chevaliergarde aufgenommen.1836 zum Leutnant befördert, verschafften ihm seine guten Verbindungen Zutritt zu den höchsten Kreisen, und bald verkehrte er als gern gesehener Gast in den Salons der ersten Gesellschaft. Baron Louis Borchard de Heeckeren, niederländischer Gesandter in Russland, ein wohlhabender und kinderloser Junggeselle, beschloss d'Anthès zu adoptieren. In Sankt Petersburg machte d'Anthès auch die Bekanntschaft von Alexander Puschkin und seiner Frau Natalia. Er heiratete später deren Schwester Katharina Gontscharowa, machte dennoch Natalja Puschkina in provozierender Weise den Hof. Durch seine aufdringlich zur

Schau gestellte Verehrung für Puschkins Frau entstanden Gerüchte, die deren eheliche Treue in Zweifel zogen. Puschkin schrieb einen beleidigenden Brief an Baron van Heeckeren, woraufhin d'Anthès Puschkin zum Duell forderte.

Puschkin und seine Frau vor dem Duell
Zeichnung Nadja Rusheva

Das Duell auf Pistolen wurde am 8. Februar 1837 ausgetragen. Puschkin, schwer verwundet, erlag zwei Tage später seiner Verletzung. D'Anthès, nur leicht an Arm und Brust verletzt, wurde in der Peter-und-Paul-Festung inhaftiert. Doch bald ist er von Nikolaus I. begnadigt, degradiert und aus Russland ausgewiesen worden.

Puschkin nach dem Duell mit d'Anthes
tödlich verwundet - nach einem Gemälde

Puschkin wohnte die letzten Jahre seines Lebens am Ufer des Flüsschens Moika im Haus 12 in St. Petersburg, wo er im Duell tödlich verwundet, auch starb. Nikolai Gogol, der große russische Schriftsteller, schrieb über ihn: *„In ihm spiegeln sich die russische Natur, die russische Seele, die russische Sprache, der russische Charakter in solcher Klarheit, in solcher reinen Schönheit, wie sich eine Landschaft in der gewölbten Fläche eines optischen Glases spiegelt."*

Ein Denkmal schuf ich mir, kein
menschenhanderzeugtes,
Des Volkes Pfad zu ihm wird nie verwachsen sein,
Und höher ragt das Haupt empor,
sein nie gebeugtes,

41

Als Alexanders Mal aus Stein.
Nein gänzlich sterb ich nicht:
die Seele lebt im Liede noch fort,
wenn ihr den Staub dem Staube übergebt,
Und preisen wird man mich,
solange noch hienieden
Auch nur ein einz'ger Dichter lebt.

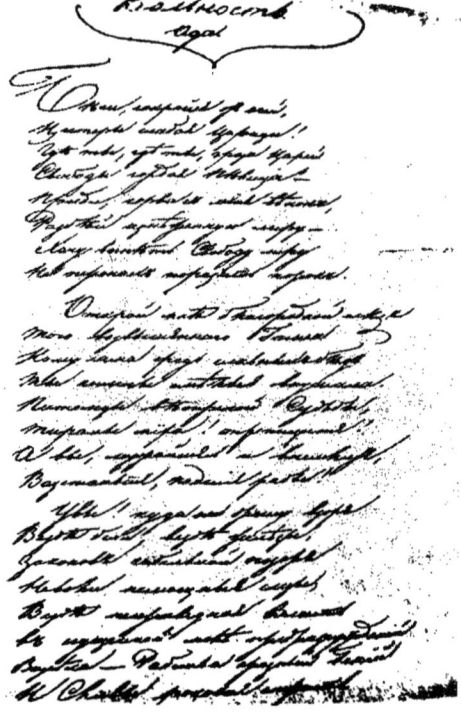

Reinmanuskript von Puschkin

Michail Lermontows poetischer Nachruf:

Der Dichter wollte seine Ehre rächen,
Die er durch giftges Wort verletzt geglaubt,
Da traf ihn selbst das Blei, sein Herz zu brechen,
Zu beugen sein gewaltig Haupt…
…Und Manche jetzt frohlocken, dass er fiel,
Und rühmen gar den Mörder, der sein Ziel
So gut getroffen, und im kalten Muthe,
Fest, ohne Zittern, that den Mörderschuss,
Der unser Land geröthet,mit dem Blute
Des liederreichen Genius…

Puschkin hatte seine Grabinschrift hatte schon
1815 selbst verfasst:

Begraben hier liegt Puschkin, der mit jungen
Musen,
Der Liebe und dem Müßiggang 'ne schöne Zeit
verbracht;
Er war aus tiefster Seele – zwar tat er nie was
Gutes –
Gottlob, ein guter Mensch dem Wesen nach.

Nadeshda Rusheva wurde am 31. Januar 1952 in
Ulan Bator geboren. Ihr wurde ein künstlerisches
Talent förmlich in die Wiege gelegt. Ihr Vater, Niko-
lai Rushev, war ein anerkannter sowjetischer Künst-
ler und seine Frau Natalia Doidalowna war die erste
Primaballerina aus dem Volk der Tuwiner,

einer nichtslawischen Völkergruppe, die das Altai-Sajan-Gebiet bevölkert und in Russland ebenso zu Hause ist, wie in der Mongolei und China. Kurz nach klein Nadjas Geburt, im Sommer 1952 zog die Familie nach Moskau.

Natascha, die nur Nastenka gerufen wurde, fing schon früh an zu zeichnen. Aufsehen erregte sie, als sie mit fünf Jahren malte und schrieb, obwohl ihr niemand das Malen, Schreiben und Lesen beige-bracht hatte. Im Alter von sieben Jahren begann sie als Erstklässlerin regelmäßig zu zeichnen, jeden Tag, nicht mehr als eine Stunde nach der Schule.

Dann zeichnete sie eines Abends 36 Illustrationen für „Die märchenhafte Geschichte des Zaren Saltan" von Puschkin, während der Vater ihr Lieblingsmärchen laut vorlas.

Im letzten Interview in einer Sendung des Fernsehens erinnerte sie sich, nach diesem Moment gefragt: „Am Anfang standen meine Zeichnungen zu Märchen von Puschkin. Papa hat gelesen und ich zeichnete in dieser Zeit - zeichnete das, was in genau diesem Moment fühlte...Später, als ich selbst schon lesen konnte, habe ich noch Zeich-nungen zu Puschkins Poem „Der eherne Reiter", zu „Die Erzählungen Belkins" und zu „Jewgenij One-gin" gezeichnet, denn Puschkin war und ist mein Lieblingsdichter."

Der besondere Stil ihrer Zeichnungen besteht auch
darin, dass das talentierte Mädchen keine Radier-
gummi für ihre Bleistiftzeichnungen benutzte.
Niemals entwarf sie Vorskizzen. Und fast niemals
hat sie Schraffuren und oder Linien korrigiert. Sie
zeichnete immer beim ersten Versuch, als hätte sie
auf dem Blatt nur für sich sichtbare Konturen
gezeichnet. So beschrieb sie den Prozess des
Zeichnens: *„Ich sehe die Linien, ja das ganze Bild
im Voraus...Sie erscheinen auf dem Papier als
Wasserzeichen, und es bleibt mir nichts weiter
übrig, als sie mit einem Strich zu bedecken".* In
ihren Zeichnungen gibt es kein überflüssiges
Merkmal, aber mit jedem Blatt überträgt die junge
Künstlerin Emotionen - oft mit nur wenigen,
sparsamen Strichen. Nadja zeichnete niemals nach
der Natur, das liebte sie nicht und nach eigenen

Aussagen konnte sie es auch nicht. Ihr Vater, der stolz die Entwicklung seiner Tochter begleitete, hatte Angst, die fantasievolle Gabe des Mädchens, dieses Geschenk, zu zerstören und traf die Entscheidung - ihr das Zeichnen auf keinen Fall zu lehren. Er war fest davon überzeugt, dass Nadjas Talent ihre erstaunliche Vorstellungskraft war, etwas, das nicht gelehrt werden kann.

In der „Pionerskaja Prawda", die damals immerhin eine Millionenauflage hatte, wurden erste Zeichnungen von der elfjährigen Künstlerin Nadja Rusheva gedruckt, was für eine Auszeichnung. Die Schulkameraden freuten sich mit ihrer Mitschülerin und sogar die Direktorin war stolz auf das Talent. So auf das Mädchen aufmerksam geworden, hatte sie ein Jahr später schon ihre eigene Ausstellung, und das in einem Land, in dem die Werke von Repin und Surikow, von Kranskoi und Lewitan Galerien füllten.

Lobende, begeisternde Kritiken veröffentlichte die Zeitschrift „Junost".

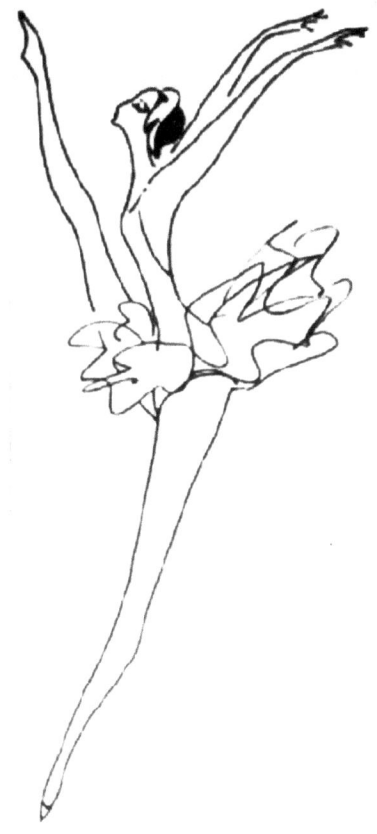

Ein Lieblingsmotiv - Ballerinen

Maya Plisetskaya als sterbender Schwan

Die nächste Exposition der überglücklichen Künstlerin fand im Club of Arts der Moskauer Staatlichen Lomonossow-Universität statt.

Nadja zeichnete und zeichnet und in den folgenden fünf Jahren fanden fünfzehn weitere persönliche Ausstellungen statt. Und das nicht nur in Moskau und Leningrad, sondern das Kulturministerium schickte die Bilder der jungen Künstlerin nach Warschau, in die Tschechoslowakei, nach Rumänien und sogar nach Indien. Und überall war die Anerkennung groß und noch mehr das Erstaunen über das Alter dieser Künstlerin, die Reife und Ausdruckskraft ihrer einfachen Zeichnungen.

Natalja Puschkina mit ihrem Sohn Sascha

Und erstmals wurden Kunstkritiker darauf aufmerksam, wie sehr die Bilder der kleinen Rusheva denen des reifen Puschkin ähnelten.

„Puschkin ist wiedergeboren worden in der Gestalt eines Mädchens, das genau 125 Jahre nach seinem Tode das Licht der Welt erblickte", schrieb begeistert ein Kunsthistoriker.

Nadja Rusheva wagte sich auch an Illustrationen zum Roman „Krieg und Frieden" von Lew Tolstoi.

Illustration zu „Krieg und Frieden" von Tolstoi

Aufsehen erregten aber vor allem ihre Zeichnungen zum Roman „Der Meister und Margarita" von Mikhail Bulgakow.

„Der Meister und Margarita" - Zeichnung Rusheva

Jetzt schien es den künstlerischen Begleitern von Nadja Rusheva, dass sie sich nicht mit der Strichzeichnung und den Grafiken im Allgemeinen beschränken würde. In neueren Arbeiten wie den Illustrationen für den Roman von Mikhail Bulgakov „Der Meister und Margarita" zeigte sich der Versuch, von einer Ausbesserung in einem linearen Diagramm zur Malerei überzugehen.

„Der Meister und Margarita" - Zeichnung Rusheva

Den in der UdSSR lange Zeit verbotenen Roman „Meister und Margarita" verschlang Nadja in einem Atemzug. Das Buch nahm sie so gefangen, dass sie alle anderen Projekte verschoben und eine Zeit lang buchstäblich in der von Bulgakov geschaffenen Welt gelebt hatte. Gemeinsam mit ihrem Vater besuchte sie die Orte, an denen sich der Roman entfaltete, und das Ergebnis dieser Spaziergänge war ein atemberaubender Zyklus von Zeichnungen, mit denen sich Nadja Rusheva als eine wahrhaftige, ernste Künstlerin in der großen Kunstgemeinde des Landes manifestierte.

Weitere Zeichnung zu „Der Meister und Margarita"

Unglaublicherweise sind diese Zeichnungen, die vor einem halben Jahrhundert entstanden, bis heute vielleicht die berühmtesten Illustrationen für den Roman von Bulgakow - und die in vieler Hinsicht prophetisch erfolgreichsten. Da Nadja die Witwe des Schriftstellers und Margaritas Prototyp, Elena Sergejewna Bulgakow nie sah, gab Nadia ihrer

Margarita eine Ähnlichkeit mit dieser Frau – eine erstaunliche Voraussicht, die Qualität des Genies. Und der Meister erwies sich wahrhaftig ähnlich wie Mikhail Afanasievich Bulgakow selbst. Es ist kein Wunder, dass Elena Sergejewna von Nadjas Werken, als sie sie sah, fasziniert war:

„Wie frei! Poetisch unausgesprochen: je mehr du schaust, desto mehr siehst du...Welche Amplitude von Gefühlen!...Ein Mädchen mit 16 Jahren verstand alles perfekt. Und nicht nur verstanden, sondern auch überzeugend schön dargestellt. "

Dieses zarte Wesen würde, so war sich die Fachwelt sicher, früher oder später mit ihrer Emotion zum gemalten Bild kommen. Ein weiterer wesentlicher Punkt in ihrer beispiellosen Karriere wäre vielleicht irgendwann ein Appell an die große Natur und besonders an die russische Landschaft, die in Gemälden von Schischkin, Lewitan und Kuindshi meisterhaft vorkommt.

1965 veröffentlichte die Zeitschrift „Junost" die Illustrationen der 13-jährigen Nadya zur Geschichte von Edward Pashnev „Newtons Apfel".

Natürlich wartete der Ruhm einer zukünftigen Buchillustratorin auf sie, mehrer Verlage warben um Nadja. Doch die heranwachsende junge Frau wollte um jeden Preis ernste Künstlerin werden - weder Karikaturistin noch Illustratorin.

Mit der Zeit und mit jeder neuen Zeichnung stellte die Kreativität von Nadja Rusheva den Forschern viele Fragen. Wie behandelt man ihre Kunst? Als Aktivität eines talentierten Kindes und Jugendlichen oder als Beginn des Weges eines überlegenen Künstlers? In der Arbeit von Rusheva gab es zunächst Perioden von Kinderzeichnungen und dann aber, so mit fünfzehn Jahren unbestritten Erwachsenenmalerei. So ist ihre Arbeit von 1968 bis 1969 bereits so perfekt, dass sie als Phänomen der Kunst angesprochen werden konnte.

Inzwischen hatte ihr Ruf die Grenzen der Sowjetunion überschritten. *„Bravo, Nadia, Bravo!"* - schrieb italienischen Kinderbuchautor und Geschichtenerzähler Gianni Rodari, als er einige Zeichnungen der jungen Russin gesehen hatte. Und es heißt, er plante sogar, sie eines seiner Bücher illustrieren zu lassen. Bei der Beurteilung ihrer Arbeit waren sich Zuschauer und Kunstkritiker einig, ihre Bilder waren - pure Magie.

Wie sonst sollte es möglich sein, die subtilsten Bewegungen der Seele, den Ausdruck der Augen, die plastische Gestalt mit Hilfe von Papier und einem Bleistift oder sogar einem Filzstift zu vermitteln? Die Erklärung war einhellig: Das Mädchen ist ein Genie. Alle sagten der Künstlerin eine große Zukunft voraus, doch niemand wagte vorherzusagen, wie sich ihr Talent künftig entwickeln würde.

Aber bei aller Bewunderung rief vor allem ihre Serie „Puschkiniaden", die ein ungelöstes Rätsel waren und bis heute sind, Erstaunen hervor. Es war ja nicht nur der zum Verwechseln ähnelnde Strich, es war vor allem die Aussagekraft der Zeichnungen.
Zu Puschkins Werken und seinem Leben, den Nadja Rusheva den heimatlichsten aller Poeten nannte, schuf die bescheidene Künstlerin in weniger als zehn Jahren über dreihundert Zeichnungen.

Puschkin und seine Braut

„Die Tatsache, dass dies ein brillantes Mädchen ge-schaffen hat, wird aus dem ersten Bild deutlich", schrieb begeistert Irakli Luarsabovich Andronikov, ein bedeutender russischer Literaturwissenschaft-ler und Schriftsteller über den Zyklus „Puschki-niaden".

Puschkins Kinder Maria und Alexander aus dem
Zyklus „Puschkiniaden",

„Ich kenne kein anderes Beispiel in der Geschichte der schönen Künste. Unter den Dich-tern und Musikern sind solche frühen Erfolge selten, aber es gab noch nie so ungewöhnlich frühe Explosionen der Kreativität. In ihrer Jugend geht sie einfach täglich ins Studio und beherrscht meis-terhaft ihre Fähigkeiten", bewunderte der Doktor der schönen Künste Alexei Sidorov die Zeichnerin Nadja Rusheva.

Andere Arbeiten der Künstlerin erinnern sehr an Picasso. So auch ihre Zeichnungen zu griechischen und römischen Sagen.

Apollo und Daphne malte sie 1969

Die Nymphe Daphne, so der römische Dichter Ovid, gab ein Keuschheitsgelübde ab. Vor der entzündeten Leidenschaft Apollos floh sie und bat die Götter um Hilfe. Vater Zeus verwandelten sie in einen Lorbeerbaum, sobald der verliebte Apollo sie berührte. Ein anderes, liebes Sujet der begnadeten Zeichnerin waren ihre zahlreichen Selbstporträts und die

Bilder aus dem täglichen Leben eines jungen Mädchens und ihrer Freundinnen.

Selbstporträt der Sechszehnjährigen

Obwohl nur einige, ganz wenige Striche, kommt in einem ihrer letzten Porträts ihre ganze Meisterschaft zum Ausdruck. Aber das wohl stärkste Bild der jungen Künstlerin, das schon grafische Züge und vielleicht auch die Ahnung einer tödlichen Krankheit zum Ausdruck bringt, entstand in ihren letzten Lebenstagen.

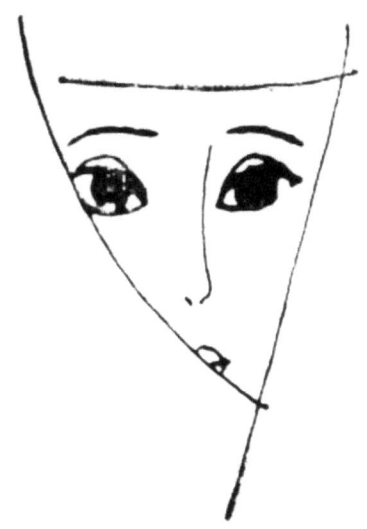

Ausdrucksstarkes Selbstporträt wie eine Nonne

Zu den Alltagsszenen gehören auch die der badenden Mädchen, die wahrscheinlich nach ihrem Aufenthalt im Jugendlager Artek auf der Krim entstanden, wo sie zahlreiche Mädchen porträtierte und ihre erste Liebe fand. Artek, ein. Gedicht aus Meer, Sandstrand und Fels: Wie ein Wal taucht der sanfte Bergrücken des Aju-Dag aus dem Schwarzen Meer, um die Bucht von Gursuf nach Norden abzuschließen. Weiter Richtung Süden ragen zwei felsige Inseln wie zwei Trutzburgen aus dem Türkis des Meeres.

„Schön bist du, Tauriens Gestade, wenn vor dem Schiff im Morgenstrahl du aufsteigst aus dem Meerespfade", schrieb der russische Dichter Alexander Puschkin schon 1820 über diese Bucht.

Nadja beim Zeichnen

Studie - Nadja bei ihrer Lieblingsbeschäftigung

Am Vorabend ihres Todes fuhr Nadia nach Leningrad, wo sie einen Dokumentarfilm drehte. Ende Februar 1969 lud das berühmte Studio Lenfilm die nun 17jährige Künstlerin ein, an einem biografischen Film über sich selbst teilzunehmen. Leider blieb der Film „Du, als erste Liebe" unvollendet. Nadja kehrte buchstäblich einen Tag vor ihrem Tod nach Hause zurück.

Eine der auffallendsten Episoden eines zehnminütigen Filmfragments sind die paar Sekunden, in denen Nadja Puschkins Profil im Schnee malt.

Am 5. März 1969 ging Nadja wie immer zur Schule und verlor plötzlich das Bewusstsein. Sie wurde in eine Spezialklinik gebracht, wo sie sich nicht erholte und starb. Es stellte sich heraus, dass sie mit einem angeborenen Aneurysma der Hirngefäße gelebt hatte. Die Ursache des Todes war eine Blutung im Gehirn durch eine Ruptur eines angeborenen

zerebralen Aneurysmas. Deshalb konnten die Ärzte, Koryphäen auf ihrem Gebiet, ihr nicht mehr helfen. Außerdem sagten die Ärzte, dass es ein Wunder sei, mit solch einer Diagnose bis zum Alter von siebzehn Jahren zu leben. Niemand, auch die Eltern, wussten, dass Nadja ein Aneurysma hatte. Sie klagte nie über Kopfschmerzen, nie war ihr schwindelig. Sie hatte eine kräftige Gesundheit und war ein glückliches Kind.

Надежда Рушева. Автопортрет

Nadja Rusheva- Selbstporträt

„*Die gnadenlose Grausamkeit des Schicksals wurde durch das blühende Talent der brillanten Moskauerin Nadja Rusheva aus dem Leben gerissen. Ja, ein Genie, jetzt gibt es nichts zu frühzeitiger Bewertung zu fürchten*" schrieb in einem posthumen Artikel Akademiemitglied Vasily Vatagin, der bedeutende Bildhauer tief erschüttert in der Zeitschrift „Junost".

Nadja Rusheva hinterließ ein riesiges künstlerisches Erbe - etwa 12 000 Zeichnungen. Die genaue Zahl ihrer Arbeiten kann nicht gezählt werden, denn ein bedeutender Anteil von ihnen ist zerstreut in Briefen. Die Künstlerin hat ähnlich wie Puschkin viele seiner kurzen Verse hunderten von Blättern zu Freunden und Bekannten geschickt. Eine beträchtliche Zahl der Arbeiten Nadjas ist aus verschiedenen Gründen von den ersten Ausstellungen nicht zurückgekehrt. Eine ganze Reihe ihrer Zeichnungen befinden sich im Museum von Leo Tolstoi in Moskau, in dem Nadja Rusheva gewidmeten Museum in der Stadt Kyzyl, im Puschkin-Haus der Akademie der Wissenschaften Russlands in St. Petersburg, in der Nationalen Stiftung für Kultur sowie dem Staatlichen Museum Alexander Puschkin in Moskau.

Insgesamt illustrierte sie 50 Autoren. Auch bemerkenswert, sie hatte mehr als 160 Ausstellungen in den verschiedensten Ländern wie Japan, Deutschland, USA, Indien, Mongolei, Polen und viele andere. Mehr als 100 Städte sahen ihre Kunstwerke. Das Interesse an ihrer Kunst ging in den letzten Jahrzehnten nach dem Tod bis heute nicht verloren. Denn Menschen brauchen solche Kunst, wie saubere Luft zum Atmen. Das geniale Mädchen besaß eine erstaunliche Gabe, in das Reich des menschlichen Geistes einzudringen.

Der Journalist und Schriftsteller Dmitrij Schewarow schrieb in seinem Artikel über Nadja Rusheva, dass das Werk der sowjetischen Künstlerin der klassischen japanischen Ästhetik sehr nahegekommen sei.

„Kein Wunder, dass die Japaner sich an Nadja erinnern und ihre veröffentlichen ihre Zeichnungen auf Postkarten veröffentlichen", schreibt Shevarov. *„Wenn sie zu uns als Touristen nach Russland*

kommen, sind sie überrascht, dass es in Moskau kein Rusheva Museum gibt und dass viele Arbeiten Nadjas in den Lagerräumen und Depots von Museen lagern". „Sie war ein Mozart in den schönen Künsten!", sagen die Japaner und zucken verblüfft mit den Schultern. Und sie staunen, wie talentiert großzügig diese Russen sind, dass sie es sich leisten können, sogar ihre Genies zu vergessen.

Aber wie kam es und warum hat Nadja ohne Pause gearbeitet? Eine schöpferische Arbeit zu der niemand sie zwang. Und warum interessierte sich ein zwölf Jahre altes Kind für die alten Griechen, die Biographie von Puschkin und die Werke von Byron mehr als für Spielen und Plaudern mit Freundinnen? Leider wird niemand mehr diese Fragen beantworten können. Das Mädchen Nadja Rusheva schien sich zu beeilen, um ihre berühmte Mission auszuführen, und nachdem sie ihre Aufgabe erfüllt hatte, starb sie.

Ihre sterbliche Hülle wurde unter großer Anteilnahme auf dem Moskauer Pokrovsky Friedhof, beigesetzt. Ihr Grabmonument schmückt eine ihrer Zeichnungen, der Zentaur.

Am 21. Oktober 1982 entdeckte die Krim-Astronomin Karachkina den Kleinplaneten mit der Nummer 3516 und benannte ihn nach Nadja Rusheva. In der Nähe des Bildungszentrums Nr. 1466 in der Moskauer Jerewan-Straße wurde zu Ehren von Nadja ein Park namens „Nadezhda" eröffnet. Im Park gibt es ein Denkmal - ein Metall-Zentaur, basierend auf dem Bild von Nadja und im Kaukasus wurde ihr zu Ehren sogar ein Pass benannt.

Puschkin als Brautwerber und Bräutigam

Der Poet Alexander Puschkin, der wegen seiner Sympathie für die Adelsrevolutionäre von 1825 noch immer unter Beobachtung der Geheimpolizei stand, kam im Dezember 1828 nach Moskau. Zurück ließ er überall enttäuschte Damen, die er mit einem Gedicht tröstend bedachte:

„So, wie ich früher war, bin ich auch heute noch:
Sorglos und rasch verliebt.
Ihr Freunde kennt mich doch.
Kann Schönheit nicht ansehn ohne Bewegung
Und ohne zärtlich heimliche Erregung!..."

Aber Alexander Turgenjew stellte verwundert fest, dass Puschkin schon drei Wochen in Moskau war und sich noch nicht wieder verliebt hatte. Er wohnte bei seinem aufrichtigen und selbstlosen Freund Naschtschokin, einem schwerreichen Junggesellen. Der verprasste mit seinen Freunden und Zigeunerinnen Unsummen, scherte sich nicht um Schulden und verfiel sehr oft in Melancholie.

Der Winter war in Moskau wie in St. Petersburg die Zeit der Bälle und Puschkin besuchte einen dieser Bälle, wo vor allem junge heiratsfähige Mädchen der Gesellschaft vorgestellt und Ehen angebahnt werden. Hier bemerkte Puschkin die junge Debütantin Natalia Gontscharowa. Seine Augen froren förmlich an diesem liebreizenden Geschöpf fest. Obwohl sie einander nur kurz vorgestellt wurden, hinterließ er bei der bildschönen Moskauerin keinen Eindruck. Anders der Dichter, der nicht nur dem Silberblick der heranwachsenden Schönheit erlag, sondern von der Anmut des jungen Fräuleins gefangen war.

Doch sie verloren sich aus den Augen und oft dachte Puschkin an das bezaubernde Wesen zurück, selbst in den Armen von anderen jungen Schönen. Er war nun fast dreißig, hatte als Literat mehr als bescheidene Erfolge, die sich aber finanziell nicht zu Buche schlugen.

Obwohl Alexander Puschkin selbst seine Chancen als gering einschätzte, war er fest entschlossen, Natalia zu heiraten oder sonst keine. Er schickte also den Grafen Fjodor Iwanowitsch Tolstoi, ein mehr als ungeeigneten Boten als Brautwerber zu den Gontscharows, weil der dort eingeführt war. Über ihn lohnt es sich, einige Zeilen zu verlieren.

Dieser Tolstoi hatte nicht nur ein außergewöhnliches Temperament, sondern war auch wegen seiner Abenteuerlust, seinen Weibergeschichten, wegen seiner Leidenschaft fürs Kartenspielen und für Duelle berühmt berüchtigt. Auch Puschkin wollte den Lebemann einmal wegen Verleumdung vor die Pistole fordern. Zu seinem Glück nahm er davon Abstand.

Dieser skandalträchtige Aristokrat, übrigens ein entfernter Onkel des Romanautors Lew Tolstoi, war mit den namhaftesten Dichtern seiner Zeit bekannt und diente vielen von ihnen als literarische Vorlage.

Schon als Kadett der Kaiserlich-Russischen Marine in St. Petersburg fiel er durch seine Ausdauer und sein Geschick auf, war beinahe unschlagbar im Fechten und absolut treffsicher im Schießen. Im Preobraschensker Garderegiment war Tolstoi als tapferer, kaltblütiger Soldat in Gefechten und als ungewöhnlich guter Schütze beliebt. Doch seine Leidenschaft für Frauen und Karten, verbunden mit einem unkontrollierbar wilden Charakter führten oft auch zu handgreiflichen Streitigkeiten mit Kameraden und Vorgesetzten. Bereits mit siebzehn Jahren duellierte er sich mit einem Offizier, der ihn zu Unrecht gemaßregelt hatte. Nur knapp entging er der Degradierung zum einfachen Soldaten.

Um einer weiteren Bestrafung zu entgehen, ging Fjodor Tolstoi 1803 anstelle eines unter Seekrankheit leidenden Diplomaten in Kronstadt an Bord des Segelschiffs „Nadeshda", das unter dem Kommando von Adam Johann von Krusenstern zur ersten russischen Weltumsegelung gemeinsam mit dem

Dreimaster „Nadeshda – Hoffnung" aufbrach. Der Auftrag der Expedition galt der Erkundung von Handelswegen sowie der Aufnahme wirtschaftlicher und diplomatischer Beziehungen zu Japan. Leider konnten Krusenstern und seine mitgereisten Diplomaten dem Tenno ihre Gastgeschenke, darunter ein wertvolles, aus mehreren hundert Teilen bestehendes Petersburger Gala-Porzellanservice nicht überreichen, da sie der japanische Kaiser einfach nicht empfing.

Vollschiff Dreimaster „Nadeshda"

Tolstoi langweilte sich auf der dreijährigen Expedition beinahe zu Tode, suchte Händeleien mit der Besatzung und sogar mit Krusenstern. Er war ja bekannt für böse Streiche, ja berüchtigt. So machte er einmal einen Popen auf dem Schwesternschiff „Newa" so sturzbetrunken, dass der unter dem Tisch einschlief. Dann klebte Tolstoi den langen Bart des bewusstlosen Gottesmannes mit Siegellack auf den Planken des Schiffes, so dass der Bart, der ganze Stolz des Popen, abgeschnitten werden musste, um ihn aus dieser misslichen Lage zu befreien.

Diese und andere Späße führten dazu, dass Tolstoi einige Male unter Arrest gestellt wurde bis Krusenstern der Kragen platzte und er den Unruhestifter auf der Halbinsel Kamtschatka zusammen mit seinem zahmen Orang-Utan, den sich Tolstoi unterwegs angeschafft hatte, von Bord verwies.

Auf recht abenteuerliche Weise kam der Graf dann wieder nach St. Petersburg, wohl zu Fuß, auf Rentieren, auf Karren und Pferdeschlitten, wie eine Aufzeichnung des Publizisten Filipp Wigel belegt, der das Land im Sommer 1805 zwecks Erforschung des russischen Alltags im Fernen Osten bereist hatte und dabei Tolstoi zufällig in Udmurtien begegnete:

„An einer der Stationen sahen wir mit Erstaunen einen Offizier in der Uniform des Preobraschenski-Regiments hereintreten. Das war Graf F.I. Tolstoi...Er hatte eine Weltumrundung mit Krusenstern

und Resanow gemacht, hat sich dabei mit allen zer-
stritten, hat alle miteinander zerstritten und wurde
als gefährlicher Mensch auf Kamtschatka ausge-
setzt und ging auf dem Landweg zurück nach Pe-
tersburg. Was über ihn nicht alles erzählt wurde…"

Durch Tolstois Abenteuer, über die in den Salons des Petersburger Adels getratscht und geklatscht und zu denen Vieles hinzugedichtet wurde, erlangte der Graf schon vor seiner Ankunft in der Stadt an der Newa eine fast schon legendäre Bekanntheit sowie seinen Spitznamen Amerikaner in Anspielung auf seinen Aufenthalt in Russisch Amerika. Doch der Empfang in St. Petersburg war nicht der eines heimkehrenden Helden. Auf Erlass des Zaren Alexanders I. wurde er festgenommen und unter Arrest gestellt. Es war ihm verboten, die Hauptstadt zu betreten, wie Wigel notiert hatte:

„Als er von seiner Weltreise zurückkam, wurde er
an der Petersburger Stadtgrenze aufgehalten, dann
nur durch die Hauptstadt gefahren und in die Nys-
lotter Festung gebracht. Per Befehl wurde er vom
Preobraschenski-Regiment in die dortige Garnison
unter dem gleichen Dienstgrad Porutschik (Oberleutnant) *versetzt. Eine harte Bestrafung für einen*
tapferen Kämpfer, der noch nie ein Gefecht mit-
erlebt hatte, gerade zu der Zeit, als in ganz Europa
von Ost nach West Krieg entbrannte."

Tolstoi wäre in der unbedeutenden Festung Nyslott versauert, hätte ihn nicht der befreundeter General Michail Dolgorukow zu seinem Adjutanten gemacht, an dessen Seite er nun im Russisch-Schwedischen Krieg kämpfte und in seinem Element war. So zeichnete er sich besonders 1808 in der Schlacht bei Idensalmi aus, bei dem sein Gönner Dolgorukow fiel. General Barclay de Tolly, der später am Sieg über Napoleon maßgeblich beteiligt war, übertrug dem draufgängerischen Heißsporn Tolstoi eine gefährliche Aufklärung, die es dem Korps des Generals gestattete, über eine vereiste Bucht die Stadt Umeä einzunehmen, eine Schlüsseloperation für den Sieg der russischen Armee über die Schweden.

Barclay de Tolly sorgte dafür, dass Tolstoi für seine Tapferkeit wieder als Oberleutnant in seinem alten Garderegiment dienen durfte. Doch drei weitere Duelle führten dazu, dass der unbändige Graf in der Festung von Wyborg einen mehrmonatigen Strafarrest absitzen musste, bevor 1811 aus dem Regiment entlassen wurde.

Aber schon ein Jahr später ging er als Freiwilliger zu den Fahnen, um Moskau vor Napoéon zu verteidigen. In der entscheidenden Schlacht von Borodino zeichnete er sich aus, obwohl er schwer verwundet war. In einem persönlichen Rapport seines

Generals an den legendären Feldmarschall Kutusow würdigte der Tolstois Heldenmut. Dafür erhielt Fjodor Tolstoi den höchsten militärischen Orden des Heiligen Georg, wurde erneut rehabilitiert und zum Oberst befördert.

Nach dem Sieg über Napoléon quittierte der Kriegsheld seinen Dienst und ließ sich in Moskau im Viertel am Arbat nieder, wo er besonders gern den Damen seine vielen Tätowierungen, die er sich auf der Weltreise zugelegt hatte und seine Narben als Kriegsandenken zeigte.

Als Gast wie auch als freigiebiger und gebildeter Gastgeber war er eine Institution in der alten Hauptstadt, wo er mit vielen Künstlern bekannt und befreundet war, so mit Shukowski, Gogol und eben auch Puschkin. So amüsant er auch sonst war, beim Kartenspiel konnte er nicht verlieren. Er schreckte auch nicht davor zurück, falsch zu spielen, „...denn nur Dummköpfe setzen auf das Glück", pflegte er zu sagen. Die großen Summen, die er gewann, verlor er ebenso schnell. Streitereien um unredliches Spielen mit gezinkten Karten führten wiederholt zu Duellen, die Graf Tolstoi stets wegen seiner Meisterschaft im Schießen und seiner Kaltblütigkeit fast unbeschadet überlebte, elf seiner Duellanten jedoch nicht.

Auch machte sein Name die Runde wegen der häufig wechselnden Liebesbeziehungen des Grafen, bevor er mehrere Jahre mit der Tänzerin eines Zigeunerchores, Awdotja Tugajewa, in wilder Ehe zusammen lebte und sie im Januar 1821 sogar heiratete. Ein Skandal, diese nicht standesgemäße Verbindung. In den Erinnerungen einer Zeitgenossin heißt es dazu:

„Einmal verlor er beim Kartenspiel *einen hohen Geldbetrag im Englischen Club und sollte wegen Zahlungsverzug auf dem schwarzen Brett verzeichnet werden. Diese Schande wollte Tolstoi nicht erleben und beschloss, sich zu erschießen. Seine Zigeunerin merkte seinen aufgeregten Zustand und fing an, ihn auszufragen. ‚Was willst du von mir‘, fragte Fjodor Iwanowitsch, ‚wie willst du mir noch helfen? Man wird mich auf dem schwarzen Brett ausstellen, und ich werde das nicht ertragen können. Verschwinde.‘ Awdotja Maximowna gab nicht nach, erfuhr von ihm, wie viel Geld er brauchte und brachte am nächsten Morgen die benötigte Summe. ‚Wo hast du das Geld her?‘, fragte Fjodor Tolstoi überrascht. ‚Von dir selbst. Du hast mir die ganze Zeit so viel geschenkt, ich habe immer alles versteckt. Nimm das jetzt, das ist dein Geld‘. Graf Tolstoi war sichtlich gerührt und ließ sich daraufhin mit seiner Zigeunerin trauen.“*

Diese Ehe hielt entgegen aller Unkenrufe und Anfeindungen bis zum Tode Tolstois. Seine Frau Awdotja, die ihm zwölf Kinder geschenkt hatte, von denen keines älter als siebzehn wurde, überlebte ihn um fünfzehn Jahre. Sie starb 1861 durch Mord. Ihr Koch und dessen Geliebte, eine der Dienerinnen Awdotjas, erstachen ihre Herrin und beraubten sie.

Soviel zum Brautwerber, den Puschkin 1829 bat, einen Brief an seine zukünftige Schwiegermutter, Madame Gontscharowa, zu übermitteln, mit dem er erstmals um die Hand ihrer 17jährigen Tochter Natalia anhielt. Madame Gontscharowa hielt es für unter ihrer Würde zu antworten.
Ende April war Tolstoi wieder bei den Gontscharows zu Gast und erhielt eine ausweichende Antwort, dass Natalia noch viel zu jung zum Heiraten sei und so weiter. Das veranlasste Puschkin, der Madame Gontscharowa, der Mutter seiner Auserwählten, in wohl gesetzten Worten einen Brief zu schreiben:
„Auf den Knien, mit Tränen der Dankbarkeit müsste ich Ihnen schreiben, jetzt, da Graf Tolstoi mir Ihre Antwort gebracht hat: die Antwort ist ja keine Absage, Sie gestatten mir zu hoffen. Wenn ich dennoch murre, wenn sich Trauer und Bitterkeit in das Gefühl des Glücks mischen, zeihen Sie mich nicht der

Undankbarkeit. Ich verstehe die Weisheit und die Zärtlichkeit einer Mutter. Verzeihen Sie die Ungeduld eines kranken und von Glück trunkenen Herzens. Ich reise jetzt ab und nehme in der Tiefe meiner Seele das Bild jenes himmlischen Wesens mit, das Ihnen seine Existenz verdankt."

Denn obwohl Puschkin sich immer wieder in flüchtigen Liebeleien verlor, ging ihm das Antlitz der jungen Gontscharowa nicht aus dem Sinn. In St. Petersburg verfiel er wieder in seine alten Laster. Er verspielte viel Geld bei nächtlichen Kartenspielen und reiste mit einem Berg von Schulden aus Pjatigorsk nach Moskau ab. Mitte September traf er in der alten Hauptstadt ein und sein erster Weg führte ihn am frühen Vormittag wieder zu den Gontscharows. Madame Gontscharowa empfing ihn noch im Bett liegend und das Gespräch war nicht sehr ermutigend für den Dichter. Er erzählte bei den Uschakows witzig und gestenreich von diesem Treffen, dass die Eroberung der künftigen Schwiegermutter noch schwieriger sei, als die Eroberung einer türkischen Festung und machte zu dieser Begegnung auch noch Zeichnungen. Und Puschkin erinnerte sich an Turgenjews Worte: *„Einen anständigen Menschen befällt der Schüttelfrost schon vor der Hochzeit".*

Nach dieser Absage nahm Puschkin sein unstetes Leben wieder auf und hielt es nicht lange in Moskau aus. Er reiste nach Malinki, um dort bei einigen Damen, wie er im Tagebuch notiert *„etwas nachzuholen."*

Doch sein unstetes Temperament trieb ihn auch hier bald wieder fort. Und obwohl Puschkin unter der strengen Aufsicht der politischen Polizei stand und sich zu jeder Reise die Erlaubnis einholen müsste, brach er nach Tiblissi auf und der Chef der Dritten Abteilung unternahm oder wusste von nichts, ihn aufzuhalten. Puschkin besuchte dort seinen Bruder, der dort als Offizier diente und erlebte im Kaukasus seinen 30. Geburtstag auf der Passhöhe bei Kasbek. Sein Tagebuch dieser Reise veröffentlichte er später unter dem Titel „Die Reise nach Arzrum".

Wieder in der Heimat und in St. Petersburg reagierte er auf Nachfragen zu seiner Brautwerbung zynisch und verbittert. Außerdem hatte er Ärger mit den Behörden. Graf Alexander Benckendorff, der allgewaltige Chef der Gendarmerie schrieb ihm: *„S.M. der Zar, der aus kursierten Gerüchten entnommen hat, dass Sie in den Kaukasus gereist sind…hat mich beauftragt, Sie zu fragen, ob Irgendjemand Sie zu diesem Ausflug ermächtigt hat. Ich meinerseits bitte Sie, mich umgehend wissen zu* *lassen, warum Sie es für gut gehalten haben, Ihr mir gegebenes Wort zu brechen und sich in die kaukasische Provinz zu begeben, ohne mich von Ihrer Absicht in Kenntnis zu setzen.*"

Puschkin, der nicht nur unter Beobachtung der Geheimpolizei stand, sondern dessen Manuskripte vor dem Druck dem Zaren persönlich vorgelegt wurden, antwortete zerknirscht: *„Ich fühle, wie falsch meine Lage und wie leichtsinnig mein Verhalten gewesen ist, es war nichts anderes als Leichtsinn.*"

Die Freunde wunderten sich über ihn, denn er war nicht mehr geistreich und spöttisch, interessierte sich nicht für Gesellschaften und Ablenkungen und dennoch entstanden in diesen Tagen lyrische Dichtungen. Er hielt sich nicht lange in Petersburg auf und wenige Tage später richtete er an Benckendorff ein Gesuch, da er noch nicht verheiratet sei, möge man ihm eine Reise nach Frankreich, Italien oder sogar mit einer offiziellen russischen Delegation nach Peking gestatten. Der Polizeichef, noch immer enttäuscht von dem Wortbruch Puschkins, lehnte ab und schrieb, dass der Zar es mit Blick auf die zerrütteten Finanzen des Dichters und seine Kleidung nicht gestatten könne. Denn der Monarch hatte missbilligend bemerkt, dass auf einem Ball im Januar 1830 in

St. Petersburg alle anderen Herren Uniformen trugen, Puschkin aber statt in einer Adelsuniform in einem Frack erschienen war.

Alexander Puschkin war diese Art Nadelstiche gewöhnt und bemühte sich, die Gründung einer literarischen Zeitschrift voranzutreiben. Und so gründete er Anfang des Jahres die „Literaturnaja Gaseta", eine der anspruchsvollen Wochenzeitungen in der Welt, die bis heute erscheint. Zu ihren Autoren gehörten neben Puschkin der Dichter Anton Delwig, Pjotr Wjasemski, Nikolai Nekrassow, der Lyriker Tjuttschew und auch Nikolai Gogol, die ihre Erzählungen und Gedichte meist unter Verwendung von Pseudonymen veröffentlichten. Die neue Zeitung sollte vor allem ein Blatt für die Werke junger Nachwuchsautoren sein.

Seine literarischen Erfolge riefen bald erneut Kritiker und Neider auf den Plan. Ein gewisser Faddej Bulgarin, der im Dienste der Geheimpolizei steht, also der Dritten Abteilung des Innenministers, der auch Romane schrieb und sich als Journalist sowie als Herausgeber der „Nordischen Biene" betätigte, sah in der „Literaturnaja Gaseta" eine Konkurrenz. Er fühlte sich persönlich angegriffen, weil in der Gaseta einer seiner Roman zerrissen und mit Plagiatsvorwürfen kritisiert worden war. Ganze Szenen waren von Puschkins noch nicht vollendetem Werk

„Boris Godunow" entnommen. Bulgarin hetzte vor allem gegen Puschkin, nannte ihn einen schlechten Patrioten und warf dem wiederum in einem Artikel böswillig und unbewiesen seinerseits Plagiat vor.

Und da geschah etwas Ungeheuerliches. Zar Nikolaus I. mischte sich höchstpersönlich ein und wies den Chef der Gendarmerie Benckendorff an, tätig zu werden. Er schrieb: *„Ich vergaß Ihnen zu sagen, lieber Benckendorff, dass in der heutigen „Nordischen Biene" wieder ein höchst gemeiner und ungerechter Artikel gegen Puschkin steht. Das muss Folgen haben. Ich beauftrage Sie, Bulgarin kommen zu lassen und ernsthaft zu verwarnen und zu verbieten, solche Artikel abzudrucken und wenn möglich, sogar seine Zeitschrift zu verbieten."*

Zar Nikolaus I. Pawlowitsch Romanow

Erstmals zeigte der Monarch Verständnis, ja sogar eine gewisse Sympathie für sein literarisches Sorgenkind Puschkin.

In diesem Geplänkel erreichte Puschkin über einen Freund ein Gruß von Madame Gontscharowa, der ihn sofort nach Moskau voller Hoffnung aufbrechen ließ. Die Bälle in Moskau waren vorbei und offensichtlich hattet sich kein besserer Bewerber für die schöne Natalia gefunden.

Die Gontscharows hatten einst durch Textil- und Papierfabriken Reichtum erworben, der Großvater von Natalia war von Katharina II. sogar geadelt worden. Doch er hatte sein Vermögen verschleudert. Natalias Vater litt nach einem Reitunfall an Anfällen und war dem Wahnsinn nahe. Die ganze Last der Familie, Natalia hatte noch zwei Schwestern und drei Brüder, lag auf den Schultern von Madame Gontscharowa. Die einst so lebenslustige Frau war unter diesem Los hart, herrschsüchtig und frömmelnd geworden. Im Hause ging es äußerst streng zu, in an Allem musste gespart werden, nicht nur an Kleidung, sondern auch am Essen. Und das ganze Sinnen dieser Frau war darauf gerichtet, ihre Töchter in der besten Gesellschaft zu verheiraten. Ja sie hat sie regelrecht dafür dressiert, in dem sie tanzen und französisch lernen mussten.

Puschkin war von der jüngsten Tochter fasziniert. Die älteste, Katherina, war etwas tollpatschig und Alexandra war zwar schlank und hübsch, aber sie schielte über allen Maßen. Einen ganz leichten, Silberblick hatte ja auch Natalia, die Angebetete, was sie aber nur anziehender und interessanter machte. Puschkin, dessen sittenloser Lebensstil, seine Amouren, seine Spielsucht und die damit verbundenen Schulden, das pfiffen selbst die Spatzen in Moskau von den Dächern, dazu die Aufsicht der politischen Polizei, all das passte natürlich nicht in die Hochzeitspläne von Madame Gontscharowa für ihre Tochter. Für die schreibt der verliebte Dichter:

„Ich liebte Sie; mag sein, dass dieses Lieben
In meiner Seele noch ein wenig glimmt;
Doch soll Sie das fortan nicht mehr betrüben,
Ich will nicht, dass Sie irgendetwas traurig stimmt.
Ich liebte Sie ganz wortlos ohne Hoffen,
Bald eifersuchtsgelähmt und bald zu zag;
Ich liebte Sie so zart, so tief betroffen,
Wie Sie, geb's Gott, ein anderer lieben mag."

Als Puschkin nun im Frühjahr 1830 wieder in Moskau war, erfuhr er, dass Madame Gontscharowa ihn empfangen würde. Sofort begab er sich zu seinem Freund Naschtschokin, um sich einen Frack zu borgen. Auch die zweite Ballsaison war vorüber und es hatte sich für ihre Tochter Natalja kein annehmbarer Bewerber eingestellt. Ihre Mutter nahm nun den adligen Poeten ins Gebet, fragte, ob er sicher sei, trotz seiner bekannten Ausschweifungen, ihre so reine Tochter glücklich zu machen. Dann wollte sie seine materielle Situation erfahren, ob die eines Poeten denn so sei, ihrer Tochter einen gehobenen Lebensstil zu garantieren und schließlich, wie sein Verhältnis zum Zaren sei, da er ja unter Aufsicht stünde.

Puschkin antwortete ehrlich und ausführlich und Madame schien zufrieden, denn Puschkins Vater, den er um seinen Segen bat, hatte seinem Filius im Hinblick auf die bevorstehende Hochzeit und hocherfreut, dass Alexander nun doch noch ein vernünftiger Mensch zu werden schien, seinem Sohn das Gut Boldino und 200 Leibeigene aus dem Dörfchen Kistenjowka als Hochzeitsgabe übereignet. Um seine Schwiegermutter vollends zu überzeugen, hatte Puschkin den Leiter der Dritten Abteilung, wie die Geheimpolizei hieß, gebeten, ihm ein Zeugnis auszustellen. Benckendorff antwortet ohne zu zögern:

„Seine Kaiserliche Hoheit hat, nachdem sie von Ihrer Hochzeitsplänen erfuhr, wohlwollend

angemerkt, dass sie hofft, dass Sie sich vor diesem Schritt einer gründlichen Überprüfung unterzogen haben und Sie nun über die nötige Qualität von Herz und Charakter verfügen, um eine Frau glücklich zu machen, wie das so interessante und liebenswerte Fräulein Gontscharowa."

Dem Brief beigefügt war die höchst kaiserliche Genehmigung, den „Boris Godunow", den die Zensur bisher verboten hatte, drucken zulassen.

So gab Madame Gontscharowa sichtlich überzeugt vor allem durch das hochamtliche Schreiben seiner Werbung statt.

Moskau um 1830

Schließlich fand am 11. Mai 1830 die Verlobung von Alexander Puschkin und Natalia Gontscharowa statt. Puschkin schrieb an seinen Freund Alexejew: *„Ich habe mir einen Backenbart wachsen lassen, bin gesetzt geworden und schwabbelig. Aber das ist noch gar nichts – ich habe mich verlobt, mein Lieber, verlobt und werde heiraten."* Und im Postskriptum vermerkte sein Freund Naschtschokin erklärend: *„Puschkin heiratet Mlle. Gontscharowa, die unter uns gesagt, eine Schönheit ohne Seele ist, und mir scheint, dass er nichts dagegen hätte, diese Verbindung rückgängig zu machen."*

Aber Puschkin schien eher blind vor Liebe, denn er verglich seine Braut mit einer Madonna. Nicht von ungefähr, denn gerade stand in St. Petersburg ein Madonnenbild zum Verkauf, das Raffael zuge-schrieben wurde. Puschkin fand, dass die Ma-donna auf dem Bild seiner künftigen Frau gliche und hätte es gern für sie erworben. Doch es sollte 40.000 Rubel kosten und das Gehalt eines kleinen Beamten betrug gerade einmal 35 Rubel im Monat. Da Puschkin nicht im aktiven Dienst war, bekam der auch kein übliches Bestehungsgeld, das als „Fettgehalt" gang und gäbe war. Er hatte sich schon immer ein Madonnenbild für seine Wohnung ge-wünscht, nur ein einziges Bild. Nun glaubte er es in Natalia gefunden zu haben und schrieb ein Sonett:

Die Madonna
Mit teuren Werken alter Meister möchte ich nicht
Mein Heim wie eine Galerie prunkvoll schmücken
So dass Gäste staunend, sprachlos vor Entzücken
Nachbeten, was der stolzen Kenner Mund spricht.

Ein einzig Bild, gehängt in einer Ecke schlicht,
Könnt Seele und den Geist mir ewiglich beglücken:
Wenn von der Leinwand, aus einer Wolkenschicht,
die heilige Jungfrau und Christus niederblicken.

Maria lächelnd mild, gleich ihr, schuld los und rein
Christus gedankenvoll, umstrahlt im Heiligenschein,
Umkränzt von Zions Palmen, herrlich anzusehn.

Und diesen Wunsch hat der Schöpfer mir erfüllt:
Als ich dich sah, auf meiner Schwelle stehen,
Madonna, wie der Schönheit göttlich Ebenbild!

Aber weder ein Madonnenbild noch die angebetete madonnengleiche Natalia schmückten sein Quartier. Denn wer nun dachte, dass dem Glück der beiden Brautleute nichts mehr im Wege stünde, hatte die Rechnung ohne die künftige Schwiegermutter gemacht. Sie forderte eine Mitgift von 30.000 Rubeln und Puschkin war gezwungen, seine Autorenrechte für vier Jahre zu verkaufen, wofür ihm der Verleger Smirdin eine monatliche Leibrente von 600 Rubeln aussetzte. Eine sichere Einnahme wenigstens, aber die gewaltige Summe, die nun die

Madame Gontscharowa allein für die Ausgestaltung der Hochzeit ansetzte, war unerreichbar. Am liebsten wäre Puschkin nun ein klarer Bruch mit den Gontscharows gewesen, doch er liebte Natalia, wie er vielleicht noch nie er eine Frau geliebt hatte. Niedergeschmettert reiste Puschkin aus Moskau ab und sandte seiner Verlobten zum Abschied ein Bilett:

„Ich fahre nach Nishni, ohne Gewissheit über mein Schicksal. Wenn Ihre Frau Mutter unsere Hochzeit scheitern lassen möchte und Sie ihr bereitwillig gehorchen, so werde... ich Ihre Motive akzeptieren...In diesem Falle sind Sie vollkommen frei. Was mich betrifft, so gebe ich Ihnen mein Ehrenwort, nur Ihnen zu gehören oder aber nie zu heiraten. Ihr A.P."

An seinen Freund, den Dichter Pjotr Pletnjow schrieb er sich am gleichen Tag seine Enttäuschung vom Herzen: *„Mein Lieber, ich will Dir alles erzählen, was ich auf dem Herzen habe. Welche Traurigkeit, welch Trübsal! Das Leben eines dreißigjährigen Bräutigams ist schrecklicher als dreißig Jahre im Leben eines Spielers. Die Angelegenheiten meiner künftigen Schwiegermutter sind in Unordnung. Meine Hochzeit wird Tag um Tag hinausgezögert. Inzwischen kühlen sich meine Gefühle ab, ich denke an die Sorgen eines Ehemannes und die Herrlichkeit des Junggesellenlebens. Überdies kommen die Moskauer*

95

Klatschgeschichten meiner Verlobten und ihrer Mutter zu Ohren, daher neue Missverständnisse, spitzfindige Unterstellungen, peinliche Versöhnungen, mit einem Wort, ich bin weder unglücklich noch glücklich".

Er zog sich nach Boldino zurück, wo er hoffte, seine innere Ruhe wiederzufinden, um zu schreiben. Hier in der Weltabgeschiedenheit der russischen Steppe, im schönen gelben, hölzernen Gutshaus inmitten eines Parks mit einem kleinen See stand Puschkin Stunde um Stunde am eichenen Schreibpult. Und wegen der in Moskau grassierenden Cholera verlängerte sich sein Aufenthalt hier drei Monate, eine sehr schöpferische Zeit. An Pjotr Pletnjow, der kurz vor seiner Berufung als Professor an die Petersburger Universität stand, schrieb er auf einer Poststation auf dem Weg nach Moskau: *„Ich sage Dir unter uns, dass ich in Boldino geschrieben habe wir lange nicht mehr. Die letzten Kapitel des „Jewgenij Onegin" sind druckreif, eine Erzählung in 400 Versen, die wir anonym publizieren werden, einige dramatische Szenen und zudem habe ich an die dreißig Gedichte geschrieben und fünf Erzählungen verfasst. Nicht schlecht, was?"*

Puschkin fühlte, dass er sich an einem wichtigen Abschnitt seines Lebens befand. In einigen Gedichten hält er Rückschau auf sein bisheriges

Leben, auch auf die einzigen beiden Frauen, die er vor Natalia Gontscharowa wirklich geliebt hatte, die Fürstin Jelisaweta Woronzowa und Amalia Riznic.

Puschkin war und ein leidenschaftlicher Liebhaber. In Odessa schrieb er 1823 nicht nur an seinem Versroman „Jewgenij Onegin", sondern eroberte auch das Herz einer attraktiven und von ihrem Ehemann vernachlässigten Fürstin. Ein gefährliches Spiel, war doch der eifersüchtige Gemahl der Frau kein geringerer als Michail Woronzow, der Generalgouverneur von Noworussia und Bessarabien und einer der reichsten Männer Russlands. Neben seinem Amtssitz residierten die Woronzows auch in der Privatresidenz bei Alupka auf der Krim, wo Puschkin mit der schönen Fürstin oft vor aller Augen Arm in Arm an der Strandpromenade poussierte.

Der Generalgouverneur unterschied sich von den mehr oder weniger trägen und unfähigen höchsten Beamten im Russischen Reich gewaltig, war er doch beliebt wegen seiner regen Amtstätigkeit, durch die er sich große Verdienste bei der Entwicklung Odessas zu einer modernen Hafenstadt erwarb. Er engagierte dafür ausländische Ärzte und Ingenieure aus Westeuropa und initiierte zahlreiche Projekte. So gründete er ein Theater, eine öffentliche Bibliothek, ein Lyzeum, ein Institut für orientalische Sprachen und wissenschaftliche Gesellschaften. Daneben, protegierte englische und französische Lokalzeitungen. Unter seiner Herrschaft wuchs die Bevölkerung des russischen Südens, weil bekannt war, dass er entflohene Leibeigene nicht verfolgte. Flüchtlinge fanden schnell Lohn und Brot in der expandierenden Wirtschaft der Hafenstädte am Schwarzen Meer.

Zeitgenössisches Bild von Jelisaweta Woronzowa

Der so rührige Staatsbeamte hatte wenig Zeit für seine Frau, für Bälle und Lustbarkeiten des Adels, eine Rolle, die Puschkin nur allzu gern übernahm. Und die Fürstin fand Gefallen an dem geistreichen und charmanten Poeten, der ihr unverdrossen und wohl nicht ganz erfolglos den Hof machte.

Der Fürst mochte den jungen Dichter, doch um seinen guten Ruf bedacht, machte dem Techtelmechtel ein Ende, indem er dafür sorgte, dass Puschkin Odessa verlassen musste und aus dem diplomatischen Dienst im Außenministerium zeitweilig ausgeschlossen wurde.

Fürstin Woronzowa von Puschkin skizziert

Jelisaweta Woronzowa, eine geborene Branizkaja, war eine enge Verwandte des Geliebten der Zarin Katharina II, des Fürsten Potemkin. Dieser Haudegen hatte den Osmanen in zahlreichen Schlachten siegreich den Süden abgerungen, woraus die Gouvernements Bessarabien und Neurussland gebildet wurden, die Woronzow nun trefflich verwaltete. Natürlich war die Fürstin Woronzowa tief betrübt und schenkte Puschkin einen goldenen Ring, den der Dichter sein Leben lang trug und auf den sich sein auch Gedicht „Der Talisman" bezieht. Vor seiner erzwungenen Abreise aus Odessa schrieb Alexander Puschkin für die Fürstin Jelisaweta Woronzowa das Gedicht, aus dem einige Strophen folgen:

Abschied
Im Geist noch einmal dich zu küssen,
Von der mein Herz so schwer sich trennt,
In der Erinnerung zu genießen
Den Traum, den wir begraben müssen,
Sei mir zum letzten Mal vergönnt.
Die Jahre fliehen, und die Zeiten
Verändern sich grad so wie wir,
Gehüllt in Grabesdunkelheiten,
Sieht dein Poet dich schon entgleiten
So, wie er selbst erlischt vor dir.

Nimm, teure Witwe, nun entgegen
Der Liebe letzten Abschiedsgruß,
Lass keinen Groll uns deshalb hegen,
Als Freundin gib dem Freund den Segen,
Der sich ins Joch nun beugen muss.

Die zweite große Liebe von Alexander Puschkin, so geht es nach Ansicht seiner Biografen aus seinen Tagebüchern hervor, galt der liebreizenden Amalia Riznic. Sie war die Gattin eines italienischen Kaufmanns, der in Odessa lebte und in die sich Puschkin 1824 verliebt hatte. Sie war eine rassische wie elfengleiche Schönheit und schon von Tuberkulose gezeichnet.

Wenige Wochen nach ihrem Kennenlernen, niemand weiß genau wie nahe sie und der Dichter sich kamen, reiste sie zur Heilung nach Italien, wo sie binnen eines Jahres starb. Ihr gedachte Puschkin im „Jewgenij Onegin" und in zwei Gedichten. Und wie immer in dieser kurzen wie stürmischen Liebesepisode des Dichters war er eifersüchtig und entschuldigte sich danach sofort, oft in Versen. Amalia war geschmeichelt.

Wenn die Eifersucht mich plagt, verzeih mir!
Vielleicht gibt's keinen Grund, dass ich mich quäle.
Bist du mir treu, warum gefällt es dir,
So zu erschrecken des Geliebten Seele?

Stets, wenn du von Verehrern bist umringt,
Versuchst du, jedem Dummkopf zu gefallen,
Weckst mit koketten Blicken, wie mich dünkt,
Gewisse vage Hoffnung allen.
Du darfst dir meiner Liebe sicher sein,
Ich fühle mich gequält von tausend Zweifeln,
Zieh mich zurück von den verliebten Teufeln
Und stehe abseits, schweigend und allein.

Ich mag ihr törichtes Geschwätz kaum hören,
Lauf ich dann fort vor Zorn, ohne ein Blick
Ermunterst du mich, wieder umzukehren,
Mit keinem lieben Wort rufst du mich zurück.

Doch scherze ich mit einer anderen Schönen,
Drohst du mir nur, mit lächelndem Gesicht,
Als wär's dir gleich, wenn wir uns trennen.
Wie schmerzt mich das! So lächelt Liebe nicht!...

Puschkin glaubte, alles sei verloren und schrieb
sich seine Liebesqualen in Versen von der Seele,
auch in solchen, in denen er seiner einstigen Geliebten gedachte.
Doch es kam anders, als der Dichter erwartet hatte.
Schon kurze Zeit später wurden die Hochzeits-
vorbereitungen im Hause Gontscharow wieder auf-
genommen und Puschkin konnte nicht eine Silbe

schreiben, war den folgenden Monaten vollauf damit beschäftigt, Geld und noch mehr Geld heran zu schaffen. Er verschuldete sich bei seinen Freunden, verpfändete zudem sein halbes Dorf mit den zweihundert Seelen für 38.000 Rubel. Von dieser Summe bekam die Schwiegermutter 11.000 Rubel. Rund zehntausend lieh er seinem Freund Nasch--tschokin, dem wieder einmal die Gläubiger zusetzten und 17.000 Rubel behielt Puschkin für sich und seine Zukünftige.

Er mietete im Haus Arbat 53, ein eher bescheidenes, zweistöckiges, blauweiß getünchtes Gebäude nahe des Smolenker Platzes, welches der Familie des Staatsbeamten Chitrowo gehörte, fünf Zimmer im Obergeschoss.

Natalia Gontscharowa fand ein Gedicht Puschkins, das in Russland jeder Backfisch kennt. Sie glaubte, dass es für sie geschrieben wurde, aber es war das erste gedruckte Gedicht Puschkins, das er der leibeigenen Schauspielerin im Haustheater des Grafen W. Tolstoi in Zarskoje Selo gewidmet hatte, in die er als Zögling unsterblich verliebt war:

„Ach, nun bin ich selbst gegangen
Amor auf den Leim, der mich
Unerbittlich hält gefangen!
Ich gesteh's: Verliebt bin ich!
Eh mir dies Malheur passierte.

Tirillerte und spazierte
Ich durchs Leben wie ein Kind.
Bühnenzauber, Tanzvergnügen
Ließ von Fest zu Fest mich fliegen,
war ein richt'ger Wirbelwind,
plante ungebunden bleiben,
und nur Spottgedichte schreiben
Auf die dumme Liebelei.
Doch umsonst all mein Gelächter,
Und nun bin ich – statt Verächter –
Opfer dieser Narretei!
Statt der Freiheit zu gehören,
wurde mir – trotz Catos Lehren –
Seladons Geschick zuteil!"

Endlich, am 18. Februar 1831 fand die Trauung statt, die Madame Gontscharowa in letzter Minute noch platzen lassen wollte, weil ihr Puschkin kein Geld für eine Kutsche geschickt hatte. Unter dem Geläut der Glocken der Großen Auferstehungs-kirche, die eigentlich so groß nicht ist, wurden die achtzehnjährige Natalia Nikolajewna Gontscha-rowa, die nach Meinung der Freunde des Dichters so schön wie seelenlos war, und Alexander Ser-gejewitsch Puschkin getraut. Während der Zeremo-nie fiel einer der beiden Ringe zu Boden. Als sich Puschkin bückte, um ihn aufzuheben, stieß er das Kreuz und das Evangelium vom Lesepult, seine

Kerze erlosch. Was für ein schlechtes Vorzeichen! Madame Gontscharowa fiel daraufhin in Ohnmacht.

Im Haus Nummer 53 auf dem Arbat, das heute Pilgerstätte von Literaturfreunden aus aller Welt ist und vor dem ein bronzenes Denkmal des Ehepaares Puschkin in Lebensgröße steht, verbrachte das frisch vermählte Paar die Flitterwochen und wie Puschkin bemerkte, *„die schönsten Wochen meines Lebens"*. An seinen Freund Pletnjow schrieb er begeistert: *„Ich bin verheiratet und ich bin glücklich. Ich habe nur den einen Wunsch, dass alles so bleibt wie es ist. Besseres kann ich nicht erwarten...Ich komme mir vor, wie neu geboren."*

Nein, nicht verlangt mich mehr
Nach stürmischen Genüssen
Voll taumelnder Begier
Und lustentflammten Küssen,
Wenn in den Armen mir
Das üppige Götterweib
Mit irrem Aufschrei regt
Den glatten Schlangenleib
Und an die Brust mich presst
Mit fiebernden Händen,
Um schneller meine Brunst
Im letzten Kampf zu enden…

Doch du, mein Engelsbild
Mit sanftem kindesblick,
O, wie erfüllst du mich
Mit qualensüßem Glück.

Wenn endlich du Gehör
Schenkst meinem heißen Flehen,
Wenn ich vor mir dich seh
Verschämt und zitternd stehen,
Wenn du dich mir ergiebst,
Doch meine Liebesglut
Erwiderst regungslos
Mit trägem, kaltem Blut,
Doch endlich allgemach
Erglühst in meinen Flammen
Und über uns ein Meer
Von Wonne schlägt zusammen!...

Doch das Leben in der Nähe der Verwandten und Tanten war für das junge Paar unerträglich. Madame Chitrowo, die Frau des Hausvermieters bemerkte, dass der Trubel durch ständige Besuche und Ärger die Flitterwochen nicht gerade zu einem Honig-Monat gemacht hätten. Puschkin bat seinen Freund Pletnjow, ein Haus in Zarskoje Selo anzumieten. Nach vier Monaten siedelte das Paar nach St. Petersburg um. Und weil das Haus noch nicht fertig renoviert und eingerichtet war, logierte das Paar vorerst im Hotel Demuth. An seine Schwiegermutter schrieb Puschkin:

„Ich musste Moskau verlassen, um den Bedingungen zu entgehen, die auf Dauer mehr als nur meine Ruhe bedrohten. Man stellte mich meiner Frau als einen hassenswerten, habgierigen Menschen, einen niederträchtigen Wucherer dar und versuchte ihr, eine Scheidung einzureden. Eine jungverheiratete Frau kann es sich nicht gefallen lassen, dass ihr Mann als gemeiner Kerl beschimpft wird. …Es steht einer 18jährigen Frau zudem nicht an, einen 32jährigen Mann zu gängeln. Ich habe Geduld und Feingefühl bewiesen, aber offenbar ist das eine wie das andere sinnlos. Ich liebe meine Ruhe und werde sie mir zu sichern wissen.“

Der Schlosspark von Zarskoje Selo

Alexander Puschkin wieder in Sankt Petersburg

Es schien, als schlösse sich der Kreis, denn das Haus in Zarskoje Selo lag nicht weit vom Schloss park entfernt, wo er seiner ersten Liebe, dem Hoffräulein Bakunina begegnete. Und auch nur ein paar Schritte vom kaiserlichen Lyzeum entfernt, in dem Puschkin sechs Jahre Zögling war.

Die Puschkins führten ein bescheidenes Haus, nur sieben Seelen zählte das Dienstpersonal, was für Leute ihres Standes lächerlich wenig waren. Doch das betrübte die junge Ehefrau weit weniger, als die häufige Abwesenheit ihres Mannes, der sich oft mit Shukowski traf, der selbst ja längere Zeit als Erzieher der Kinder des Zaren nicht zum Schreiben gekommen war und nun wieder zur Feder gegriffen hatte.

Der Schöngeist Shukowski war der uneheliche Sohn eines Gutsherrn namens Bunin und einer türkischen Leibeigenen. Er wurde nach seinem Paten Shukowski benannt. Seine Jugend verbrachte er in Moskau, wo er im Haus des Dichters Nikolai Karamsin verkehrte. Sein erster literarischer Versuch war eine Übersetzung von Thomas Grays *„Elegy Written in a Country Church Yard"*. Diese Übersetzung gilt allgemein als Beginn der russischen Romantik. Der Großteil seiner Veröffentlichungen sind freie Übersetzungen einer Vielzahl von Dichtern, unter ihnen auch Friedrich Schiller. Shukowski wurde vor allem für seine erstklassigen, melodiösen Übersetzungen von deutschen und englischen Balladen gerühmt. Eine seiner eigenen Balladen, Swetlana, gilt als Meilenstein der russischen Lyrik. Sie ist seiner Nichte gewidmet, zu der er eine unerwiderte Liebe empfand, die sein Privatleben jahrelang überschattete.

Im Vaterländischen Krieg gegen Napoléon Bonaparte 1812 schloss er sich der russischen Armee unter Feldmarschall Kutusow an. In der Folge schrieb er zahlreiche patriotische Werke, unter anderem die bis 1917 gültige Zarenhymne „*Gott schütze den Zaren!*", die von Alexei Fjodorowitsch Lwow vertont wurde. 1826 war er zum Hauslehrer des Zarewitsch ernannt worden, des späteren Zaren Alexander II. Sein Einfluss auf den Prinzen soll so groß gewesen sein, dass die liberalen Reformen Alexanders in den 1860er Jahren, wie auch die Aufhebung der Leibeigenschaft 1861, manchmal auf Shukowskis Erziehung zurückgeführt werden. Shukowski nutzte sein hohes Ansehen und seine Stellung am Sankt Petersburger Hof, um rebellischen Autoren wie Alexander Puschkin, Michail Lermontow, Alexander Herzen, Taras Schewschenko sowie den Dekabristen nach besten Kräften zu helfen.

Shukowski begeisterte Puschkin in St. Petersburg für die Idee, alte russische Märchen neu zu bearbeiten. Außerdem hatte er den Dichter darin bestärkt, die russische Sprache hoffähig zu machen. Denn bis zum Einmarsch Napoléons wurde im russischen Adel nur französisch gesprochen. Doch dann fragte man sich, warum sollte man die Sprache des Feindes benutzen, ist die russische nicht reich und schön? Und in den Folgejahren erwarb sich Puschkin nicht nur Ruhm als Dichter und Schriftsteller, sondern unschätzbare Verdienste um die Weiterentwicklung der russischen Hoch- und Schriftsprache.

Auf Shukowski, mit dem ihr Mann beinahe mehr Zeit verbringt, als bei ihr zu Hause, war die jung-vermählte Natalia weniger eifersüchtig, als auf eine sehr häufige Besucherin. Es war die Hofdame Alexandra Rosset, eine südländische Schönheit mit schwarzen Augen. Diese junge Frau mit französischen und georgischen Vorfahren hatte nicht nur einen erlesenen Geschmack, was die russische Literatur betraf, sie war gern gesehen in den Salons und Ateliers der Petersburger Künstler und Literaten, die ihr alle den Hof machen. Natalia glaubte sich sicher, dass ihr Ehemann keine Romanze mit der schönen und klugen Frau hatte. Sie war eifersüchtig, weil sie begriffen hatte, dass diese Frau ihren Mann zu fesseln verstand und sie Interessen verbnnden, die ihr wie ein Buch mit sieben Siegeln verschlossen waren. Sie schickte die Rosset sofort hinauf in sein Arbeitszimmer mit den Worten: *„Sie wollen ja doch nur zu meinem Mann."* Und auf die Beruhigung der Rosset, dass sie genauso mit anderen Literaten verkehre, entgegnete Natalia, dass sie es wisse. *„Aber wenn sie da sind, ist Puschkin immer gut aufgelegt und in meiner Gegenwart gähnt er nur."*

Wer war diese Hofdame Alexandra Rosset, die mit Lermontow befreundet gewesen ist und Memoiren russischer Geistesgrößen schrieb?

Alexandra Rosset

Alexandra, die Tochter des französischstämmigen Odessaer Hafenkommandanten Ossip Iwanowitsch Rosset und seiner Gattin Nadeschda Iwanowna

111

Rosset, geborene Lorer, verlor den Vater als Fünf-
jährige während einer Pestepidemie. Die Mutter
verheiratete sich bald wieder mit dem General der
Artillerie Iwan Arnoldi. Alexandra besuchte
das elitäre Petersburger Katharinen-Institut. Gegen
Ende ihrer Ausbildung verlor das Mädchen auch
noch die Mutter, hatte aber Glück im Unglück.
Alexandra wurde Hofdame von Sophie Dorothee
von Württemberg, der Witwe Paul I. Nach deren
Tode 1828 wurde Alexandra Hofdame der Kaiserin
von Russland. Das attraktive Fräulein profilierte
sich mit Geist und scharfer Zunge zu einer der
bemerkenswertesten Damen im Umkreis der Kaiserin Alexandra Fjodorowna, der gebürtigen Charlotte von Preußen. Dabei stand sie nicht nur
mit Nikolaus I. und dessen Bruder Michael Pawlowitsch auf gutem Fuße, sondern sah sich außerhalb
des Hofes in Petersburg um; hielt über den literarischen Salon ihrer Freundin Sofja Nikolajewna
Karamsina Verbindung zu Petersburgs geistiger
Elite. Durch einen ihrer ehemaligen Lehrer aus dem
Katharinen-Institut, dem Literaturkritiker und Pusch-
kinfreund Pjotr Pletnjow, verkehrte sie mit Shukowski, Puschkin und Gogol. Der geistreichen
Alexandra machten in ihrem Salon der hochadlige
Musikkritiker und Schriftsteller Fürst Wladimir Odo-
jewski und Pjotr Wjasemski, der engste Freund
Puschkins, den Hof. Der Briefwechsel der beiden
gilt heute als ein literarisches Ereignis, ein Erbe aus
Witz, treffender Kritik und feinem Russisch. In den

frühen 1820ern nannte Puschkin Wjasemski den besten Prosaiker des Landes. Und ein Dritter im Bunde gockelte um die rassige Schöne, der Publizist Alexander Iwanowitsch Koschelew. Dieser Koschelew war in Alexandra unsterblich verliebt. Aus einer Ehe wurde aber angesichts seiner Mittellosigkeit nichts. Alexandra ging im Februar 1832 eine Vernunftehe mit dem wohlhabenden Nikolai Smirnow ein, dem späteren Gouverneur von Kaluga und dann von Sankt Petersburg. Madame Smirnowa konnte sich nun ausgedehnte Auslandsaufenthalte erlauben, die sie nach Berlin, Karlsbad, Marienbad, Paris, Florenz, Baden-Baden, Düsseldorf, Rom und Nizza führten. In den Pariser Salons begegnete sie dem Dichter Adam Mickiewicz. Bekannt wurde sie durch ihr „Tagebuch" sowie die 1871 erschienenen "Erinnerungen an Shukowski und Puschkin" sowie 1877 mit den „Erinnerungen an N.W. Gogol". 1882 verstarb sie in Paris und fand ihrem Wunsch entsprechend auf dem alten Friedhof des Moskauer Donskoi-Klosters ihre letzte Ruhe.

Puschkin versuchte, seiner Frau mehr Zeit zu widmen, auch weil sie beide ihr erstes Kind erwarteten. Er spazierte mit ihr im Park von Zarskoje Selo, begleitete sie zur Schneiderin oder Putzmacherin und ließ sie dann ihre schöne Garderobe ausführen. Wenn Puschkin beschäftigt war, übernahm es ihre Tante, eine alte Hofdame, die sie mit wichtigen und unwichtigen Leuten bekannt machte.

Natalia Puschkina fällt auf und alle sind neugierig, wer denn so mutig war, den rebellischen Dichter zu ehelichen. Als in St. Petersburg die Cholera ausbrach, kam die Zarenfamilie nach Zarskoje Selo und bei einem Spaziergang im Park traf das Ehepaar Puschkin auf den Zaren und seine Gattin. Die Majestäten waren von der Anmut der jungen Schönheit entzückt und wünschten, sie des Öfteren zu sehen. Nikolaus fragte, warum Puschkin nicht in den Staatsdienst eintrete und der antwortete, dass er dann wenig Zeit zum Schreiben hätte. Mürrisch nahm Nikolai I. diese Ablehnung zur Kenntnis und bat dann, dass Puschkin wenigstens etwas Nützliches, etwas Großen für Russland schreiben möge, etwa die Geschichte Peter des Großen. Und er fügte auf Französisch hinzu: *„Puisqu'il est marié et qu'il n'est pas riche, it faut aller sa marmite"* – was in etwa heißt*:* Da er nun verheiratet ist und nicht reich, muss man seinen Topf am Kochen halten!

Nach dieser Begegnung und dem Wunsch entsprechend, musste Natalia nun bei Hofe erscheinen, neue Ausgaben für Kleider, neue Geldsorgen für Puschkin. Auch er konnte den kaiserlichen Hinweis nicht unbeachtet lassen und schrieb seinem alten Freund Naschtschokin: *„Diesen Herbst werde ich mich mit anderer Leute Literatur befassen und mich in die Archive vergraben, die mir der Zar eröffnet hat. Nikolaus ist nett, ja sogar* *liebenswürdig und es fehlte nicht viel, dass ich zu seinem Günstling werde."*

Als Ausgleich neben den ermüdenden Recherchen in den verstaubten Archiven befolgte Puschkin den Rat Shukowskis und schrieb Märchen.

Bekannt sind „Das goldene Fischlein" oder der Triumph der Bauernschlauheit in „Das Märchen vom Popen und seinem Knecht Trottel" oder das

„Märchen vom Zaren Saltan, seinem Sohn, den Recken Fürst Gwidon und der schönen Prinzessin Schwänin". Seine Märchen gehören zu den populärsten Schöpfungen und von nun an versuchte Puschkin der russischen Nationalliteratur immer neue Formen und Gebiete zu erschließen.

Natalie fühlte sich wohl in der Welt der Bälle und Maskeraden, der teuren Garderoben und der glitzernden Juwelen. Sie wurde sogar ohne Wissen ihres Ehemannes zu einem Ball in das Privat-Palais des Zaren eingeladen, was den Dichter sehr erzürnte. Es war Nikolaus selbst, der Wert auf die Anwesenheit der jungen Frau legte, war er wie der halbe Petersburger Hochadel entzückt von der neuen Schönheit am Hofe und zeichnete sie dadurch aus, dass er bei einem Maskenball, auf dem sie als Psyche erschien, mit ihr tanzte und zur Ballkönigin erklärte. Er hätte sie gern zur Mätresse gemacht.

Um diese glanzvollen Auftritte seiner Frau zu finanzieren, versuchte Puschkin, einige Artikel in Zeitschriften unterzubringen und als das nichts half, reiste er nach Moskau, um einige Brillanten zu versetzen und beim Kartenspiel sein Glück zu versuchen. In seinen Briefen nach Hause war er besorgt um seine schwangere Frau und schrieb ihr besorgt: *„Bitte schnür Dich nicht ein, sitze nicht mit unterschlagenen Beinen, befreunde Dich nicht mit*

*Gräfinnen die man öffentlich nicht grüßen kann
...fahre nicht ins Palais, das ist kein Platz für
Dich...Mein Engel, Du schreibst mir oft, nur macht
mir Deine Post wenig Freude. Was heißt vertige?
Ohnmacht oder Erbrechen? Hast Du die Hebamme
befragt? Ich sehe, dass ich eine Dummheit began-
gen habe, als ich wegfuhr. Ohne mich wirst Du irgendetwas anstellen und eine Fehlgeburt haben...“*
Weihnachten 1831 war Puschkin wieder zu Hause
und fand seine Frau gesund und bester Dinge vor.
Die Schwangerschaft hatte sie noch schöner
werden lassen und dennoch warf ihr Puschkin
mädchenhafte Unvorsichtigkeit vor, weil sie über
die Vortreppen hüpft, auf Bällen tanzt und mit dem
Zaren öffentlich kokettierte.

Zarenball in St. Petersburg

Sie ist la femme la plus à la mode und der Stern jedes Balles. Die Frau des österreichischen Gesandten am Hofe schreibt in ihr Tagebuch: *„Seine Frau ist schön, schön, schön; aber der schmerzhafte Ausdruck ihrer Stirn lässt mich für die Zukunft nichts Gutes erwarten."*

Am 19. Mai 1832 wurde das Töchterchen Maria geboren und Puschkin war stolz und überglücklich. Natalia kaum gezeichnet von der Geburt, erholte sich schnell und nahm ihr altes, leichtes Leben wieder auf, während Puschkin die Sorgen um den Unterhalt die schöpferische Ruhe zum Schreiben raubten. Dennoch begann er mit dem Roman „Dubrowski" nach der Vorlage einer wahren Begebenheit, die im Naschtschokin, bei dem er wieder in Moskau wohnte, um Geld zu beschaffen, erzählt hatte. Bei seinen Recherchen zu Peter I. stieß Alexander Puschkin auf eine historische Gestalt, die bei einem Bauernaufstand eine Hauptrolle spielte, Jemaljan Pugatschow. Der Don-Kosak und der Anführer des nach ihm benannten Bauernaufstands von 1773 bis 1775 nahm als Soldat der zaristischen Armee am Siebenjährigen Krieg und am Russisch-Türkischen Krieg von 1768 bis 1774 teil. Pugatschow behauptete, er sei der verstorbene Zar Peter Fjodorowitsch, auch Peter III. genannt, und habe durch ein Wunder den Mordversuch seiner untreuen Frau Katharina II. überlebt. Im September 1773 wurde unter seinem Namen ein

Manifest veröffentlicht, das den Anfang des Bauern-
aufstandes ausrief.

Den Kern der Aufständischen bildeten altgläubi-
ge Kosaken, denen sich baschkirische Truppen sowie weitere Völker der Wolgaregion anschlossen.
Dazu kamen Arbeiter aus dem Ural und auch viele leibeigene Bauern. Pugatschow benutzte eine
einfache Logik der Bauern: Wenn aus Moskau und
St. Petersburg eine schlechte Politik kam, dann saß
dort unmöglich der richtige Zar! Der zudem noch
eine Frau und Deutsche war. Die auf 80.000 Mann
angewachsene Bauernarmee schlug, da auch
fahnenflüchtige Offiziere zu ihr übergelaufen waren,
die regulären russischen Truppen mehrfach, be-
setzte weite Gebiete zwischen dem Ural und der
Wolga. Überall wurden sie von den einfachen
Bauern und Handwerkern als Befreier gefeiert,
begrüßten sie in ihren Dörfern und Städten, wo die
kaiserlichen Garnisonen oft die Flucht ergriffen
hatten, den wahren Zaren mit Brot und Salz.

Zur Einschüchterung ließ Pugatschow einige Partei-
gänger von Katharina und ihre Beamten hängen.
Die Rebellenarmee löste die größte innenpolitische
Krise unter der Herrschaft von Katharina II. aus,
denn der Aufstand weitete sich im Süden Russlands zu einem Flächenbrand aus. Die Zarin verfluchte Pugatschow als *„übelsten Staatsfeind"* und
seine Anhänger als *„Ungeheuer in Menschenge-
stalt"*.

Sie schickte eine Strafexpedition unter General Wassilij Ker gegen die Rebellen. Doch die langsame und schwerfällige Infanterie war den flinken Reiterhorden Pugatschows unterlegen, die blitzschnell aus dem Nichts angriffen und sich dann hinter die nächsten Hügelketten zurückzogen. Ker meldete der Zarin, dass der Gegner *„ungeheuer schnell reagiere und so gut schieße, wie man es von Bauern nicht erwarten würde"*.

Zarin Katharina II.

Unter dem Feuer der Rebellen zog sich Ker nach Moskau zurück. Eine zweite kaiserliche Einheit erlebte wenig später ein noch größeres Fiasko: Die Rebellen rieben sie binnen fünfzehn Minuten auf,

120

erhängten den Kommandeur und 32 Offiziere. Dabei winkte Pugatschow mit einem Taschentuch, um das Zeichen zur Exekution zu geben. Wer überleben wollte, lief über.

Nach einer fast zweijährigen Odyssee tauchte Pugatschow rund 700 Kilometer nordöstlich seiner Heimat am Don bei den Ural-Kosaken unter. Dort wurde er als Befreier gefeiert und gerierte sich als Souverän: Er prägte Münzen mit seinem Konterfei und verwendete kaiserliche Siegel. Bittsteller empfing der Rebellen-Zar auf einem Richterstuhl, gekleidet in einen roten Mantel mit goldener Spitze, in der einen Hand ein Zepter, in der anderen eine silberne Axt. Tausende schworen ihm die Treue - so unwahrscheinlich seine Geschichte auch war. Da behauptete ein 1,63 Meter kleiner Mann mit dunkelbraunen Haaren, Zahnlücke und vernarbtem Gesicht, der totgeglaubte Zar Peter III. zu sein, der blond, blauäugig und auffällig groß gewesen war. Als die Bauernarmee auf Orenburg rückte, dem wichtigsten Handelszentrum für Zentralasien, schickte Katharina II. ihre besten Leute gegen den Rebellenzaren. Sie stattete General Alexander Bibikow, mit umfassenden Vollmachten aus und beauftragte ihn, dieses *„Geschwür des 18. Jahrhunderts auszumerzen"*.

Dieser Bibikow erhielt einen doppelten Auftrag: Er sollte den Aufstand rasch niederschlagen und mit einer Art politischen Polizei dessen Ursachen ergründen sowie vermeintliche Hintermänner aufspüren. Denn die Zarin war überzeugt, eine solche Krise könne nur aus dem Ausland gesteuert worden sein.

Mehr als tausend Kilometer von St. Petersburg entfernt wurde durch Bibikow in ihrem Namen gemordet, gefoltert und gehängt. Die Geheimpolizei hatte ihre Zentrale in Kasan errichtet und verhörte gefangene Rebellen und Augenzeugen. Manche wurden zu lebenslanger Zwangsarbeit verurteilt. Anderen brannten Bibikows Männer mit heißem Eisen das Wort „Verräter" ins Fleisch. Zur Abschreckung ließ der General Hingerichtete noch wochenlang am Galgen baumeln.

Im Frühjahr 1774 schien sich das Blatt zu wenden. Anfang April besiegten die zaristischen Truppen die Baschkiren in der Nähe von Ufa. Mehr als 2000 Rebellen wurden getötet oder gefangen. Hunderte Kilometer südlich geriet auch Pugatschow selbst in Schwierigkeiten. Vor den Toren Orenburgs, welches die Aufständischen seit sechs Monaten belagerten, wurde er geschlagen, verlor 5500 Mann und entkam nur knapp. Zwei Wochen später verlor der Rebellenführer die nächste Schlacht und flüchtete mit nur noch kaum 500 Anhängern nach Norden.

Orenburg war befreit, doch der Vater des Erfolgs, General Bibikow, starb kurz danach an Fieber. Sein Tod gab den Aufständischen neuen Mut. Pugatschow konnte in kürzester Zeit Tausende Anhänger gewinnen und strategisch wichtige Orte erobern, darunter Kasan, das die Rebellen am 23. Juli 1774 plünderten und in Brand steckten.

Um Gefolgsleute anzulocken, versprach der falsche Zar nicht nur Freiheit *„für alle Zeit"*, sondern kündigte auch die *„Ausrottung dieser verbrecherischen Adeligen"* an, die es *„zu fangen, zu strafen und zu hängen"* gelte. Den Worten folgten Taten. In Saransk wurden 60 Adelige aufgeknüpft, darunter auch Frauen und Greise.

Die Kaiserin reagierte und beauftragte General Pjotr Panin mit der Niederschlagung des Aufruhrs. Panin war ein kompromissloser Militär aus einer einflussreichen Adelsfamilie, dessen Onkel von den Rebellen ermordet worden war. Von Beginn an setzte er auf blanken Terror. Seine Jagd auf Pugatschow wurde zum Rachefeldzug des Adels.

„Allen Mördern und ihren Komplizen", befahl der General in einem von Katharina gebilligten Rundschreiben, *„sollen erst die Hände und Füße, und dann ihre Köpfe abgeschlagen werden; ihre Körper sollen auf Blöcken neben Durchfahrtsstraßen platziert werden."*

Die Einschüchterung wirkte. Pugatschow verlor an Rückhalt. Zudem waren viele seiner Bauernkämpfer nur mit Mistgabeln, Keulen und Messern bewaffnet. Gehetzt von den Einheiten des Obersten Iwan Michelson, der ihn schon mehrfach besiegt und wieder aus Kasan vertrieben hatte, musste sich der falsche Zar tief in den Süden zurückziehen. Bei Zarizyn, dem späteren Stalingrad, endete sein

Aufstand. Im Morgengrauen des 5. September 1774 griffen Michelsons Truppen an, töteten 3000 Rebellen und nahmen 4000 Gefangene. Viele der panisch Flüchtenden ertranken in der Wolga.

Pugatschow war besiegt und entkam mit ein paar Getreuen in die Kalmückensteppe. Um ihr Leben zu retten, lieferten sie Pugatschow im September an die Behörden aus. Wenig später wurde der Kosak streng bewacht von einer Eskorte unter dem Befehl von General Suworow in Holzkäfig nach Moskau transportiert.

General, später Feldmarschall Alexander Suworow

Jener Kriegsheld Alexander Suworow, der auf primitiven Feldbetten schlief und mit den Soldaten aus einem Kessel aß, jener Suworow, der zehn Jahre zuvor mit nur 8.000 Russen ein Heer von 40.000 Osmanen vernichtend geschlagen hatte.

Jemelja Pugatschow wurde in Moskau von Geheimrat Scheschkowski vernommen und gefoltert. Doch die Zarin wollte die Sache möglichst schnell hinter sich bringen. Ein Gericht verurteilte Jemeljan Pugatschow und einige Weggefährten zum Tode.

Pugatschow in Ketten in Moskau

125

Die Hinrichtung im Januar 1775 auf dem Bolotnaja-Platz in Moskau wurde trotz klirrender Kälte zum Volksspektakel. Pugatschow bekreuzigte sich und bat sein Volk um Vergebung. Dann stürzten sich die Henker auf ihn. *„Sie rissen ihm den weißen Schafspelz vom Leib und zerfetzten die Ärmel seines seidenen, himbeerfarbenen Halbkaftans",* notierte ein Augenzeuge. *„Und schon schwebte sein blutiges Haupt in der Luft."*

Es war ein seltsamer Sieg. Adelige Generäle hatten mit leibeigenen Soldaten einen Aufstand der Leibeigenen gegen den Landadel niedergeschlagen. Vermutlich waren etwa 22.000 Menschen getötet worden, die meisten davon Rebellen.

Katharinas Kalkül, der Aufstand solle *„ewigem Vergessen und tiefem Schweigen anheimfallen",* ging nicht auf. Pugatschow blieb seinen Landsleuten noch lange im Gedächtnis. Er kämpfte weiter, in etlichen Erzählungen und Volksweisen und der Nationaldichter Alexander Puschkin setzte ihm in dem 1836 vollendeten Roman „Die Hauptmannstochter" ein literarisches Denkmal. Das letzte Prosawerk des Dichters, an dem er drei Jahre lang schrieb, erschien erstmalig 1836 in der Literaturzeitschrift „Sowremennik – Der Zeitgenosse."

Dieses Werk wurde in seiner Qualität und Aussage später mit Tolstois „Krieg und Frieden" verglichen und Gogol schrieb: *„Im Vergleich mit der Hauptmannstochter sind alle unsere Romane und Novellen wie Zuckerwasser. Klarheit und Mäßigkeit* *erreichen eine solche Höhe, dass die Wirklichkeit selbst daneben gekünstelt wirkt..."*

Eine kurze Inhaltsangabe der Hauptmannstocher entbindet nicht davor, diese so hoch geschätzte Erzählung zu lesen. Puschkin schreibt dieses Werk aus der Sicht des Gardesergeanten Pjotr Grinjow und spart nicht an ungeheuerlichen Begebenheiten, die ihm zugestoßen sind. Dabei ist die Geschichte recht authentisch, sind doch viele Informationen aus den Gesprächen in und um Orenburg von Puschkin verarbeitet worden. Kurz und bündig lassen sie sich so rekapitulieren:

Das adlige Muttersöhnchen verlässt mit siebzehn das Elternhaus, um in Orenburg zu dienen. Unterwegs verspielt er gewaltige Summen, kommt im Schneesturm fast um, wird von einem unbekannten Wanderer gerettet. Aus Dankbarkeit schenkt er dem Fremden seinen neuen Hasenpelz. In der einsamen Festung Belogorskaja verliebt er sich in die schöne und schüchterne Tochter des Kommandanten. Als der Bauernrebell Pugatschow mit seinen Banden die Bastionen vor der Festung stürmt - wir schreiben das Jahr 1773 -, rollen die Köpfe und die Hauptmannstochter Mascha wird zur Waise. Der Sergant Grinjow entgeht dem Tod nur durch den Umstand, dass sich Pugatschow als jener nächtliche Wanderer erweist, dem er den Hasenpelz überlassen hatte. Er flieht - Mascha im Fieberwahn zurücklassend - zu den regulären Truppen nach Orenburg, das bald von den Aufständischen belagert wird. Eines Tages erreicht ihn die Nachricht, dass Mascha vom neuen Festungskommandanten bedrängt werde, der sie zur Ehe zwingen will. Grinjow zögert keine Sekunde, das Unmögliche zu wagen. Dabei gerät der verliebte Soldat Katharinas II. in die Hände der Aufständischen und wird zum dritten Mal mit Pugatschow konfrontiert, der sich zum persönlichen Retter des Mädchens macht. Mascha reist zu Grinjows Eltern, Grinjow selbst bleibt seinem Eid treu und kämpft, trotz unverhohlener Sympathie für den Rebellen, in den kaiserlichen Truppen gegen die Banden.

Mascha und Grinjow - zeitgenössische Illustration

Gleichwohl wird er des Ungehorsams angeklagt und vor Gericht gestellt. Nun ist es Mascha, die sich für ihn verwendet, indem sie bei Zarin Katharina II. persönlich vorspricht. Das Ende der Geschichte: Grinjow wird aus der Haft befreit, wohnt der Hinrichtung Pugatschows bei und heiratet, wie soll es anders sein, die tapfere Mascha.

1832 wandte sich Puschkin wieder einem Stoff zu, der ihn schon Jahre zuvor beschäftigt hatte und der aus dem Opernzyklus „Das Donauweibchen" von Karl Hensler stammte. Befreit von allem schwülstigen Beiwerk schrieb der Dichter an dem Schicksal der Dnepr-Nixe „Russalka". Sie, die einstige schöne Müllerstochter, wurde von einem Fürsten verführt und verlassen, der eine standesgemäße Ehe einging. Die junge Frau stürzt sich verzweifelt in den Fluss und ihr Vater, der diese Verbindung vom Fürsten mit Geld bestochen gebilligt hatte, verliert den Verstand. Inzwischen hat Russalka, die zur Herrin der Dnepr-Nixen geworden ist, ihr Kind zur Welt gebracht und will sich an den Fürsten rächen. Der, von Schuldbewusstsein geplagt, kehrt immer wieder an das Flussufer zurück. Und da endet Puschkins Fragment, aber es besteht kein Zweifel, dass es so enden sollte: Russalka, die junge Nixe, lockt ihren Verführer ins Wasser, wo der Fürst ertrinkt.

Das Leben der Puschkins verlief weiter in den gleichen Bahnen, Natalia schwebte von Erfolg zu

Erfolg auf den Bällen und Puschkin versuchte, Geld aufzutreiben. Seine Frau interessierte sich nur insofern für seine Arbeit, dass die Rubel rollen für ihren aufwendigen Lebensstil. Puschkin liebte seine schöne, junge Frau abgöttisch und eifersüchtig mit einer immer noch glühenden Leidenschaft. Doch diese Liebe war einseitig, denn Natalia war ihrem Mann fremd geblieben, ja sogar kalt, auch wenn sie gehorsam in Grenzen treu und bereits wieder schwanger war. Er glaubte, dass seine Vergangenheit schuld an ihrer Kühle wäre und bemühte sich, Frauen nur ihrer Schönheit als optischen Genuss anzusehen, die er im Allgemeinen besang. Doch die Wärme, die er bei Natalia vermisste, fand er bei der „florentinischen Sybille", der Tochter von Madame Chitrowo, Gräfin Dolly Fiquelmont, der Gattin des Botschafters Österreichs, der deutlich älter als seine Gemahlin war. Puschkin hatte dieses Abenteuer in der Novelle „Pique Dame" literarisch verarbeitet.

Im Januar 1833 wurde Puschkin mit großer Mehrheit zum Mitglied der Russischen Akademie gewählt, eine zweifelhafte Ehre, denn dieses erlauchte Gremium bestand fast nur aus geistlichen Würdenträgern und beschäftigte sich vorrangig mit der Herausgabe von Lexika. Und obwohl Puschkin die Sitzungen der Akademie kaum besuchte, fand er weder Ruhe noch Zeit, sich der literarischen Arbeit zu widmen. Hinzu kam, dass im Juli sein Sohn Alexander geboren wurde, was Puschkin

veranlasste, ein Gesuch an die Generalität der Geheimpolizei zu schreiben, worin er auf die steigen-
den Ausgaben in der Hauptstadt und seine ge-
wachsene Familie anspielte und darum bat, zu
Recherchezwecken für einen neuen Roman nach
Orenburg und Kasan zu reisen. Und diesmal wurde
das Gesuch genehmigt. Puschkin reiste zunächst
nach Moskau, wo er seinen Freund Naschtschokin
traf und den Historiker Pogodin, der auch als Journalist die Zeitschrift „Moskauer Westnik" redigierte,
deren Autor hin und wieder Puschkin war. Als der
anerkannte Wissenschaftler den Poeten das erste
Mal 1826 traf, sah er in ihm noch nicht das Genie,
sondern eher einen Windbeutel und Schürzenjäger.
Er revidierte bald seine Meinung und schrieb glü-
hende Kritiken über Puschkins Schaffen. Auch mit
dem Philosophen Tschaadajew traf sich Puschkin,
bevor er über Nishni Nowgorod reisend in Kasan
eintraf. Ein Schreiben der Dritten Abteilung hatte
den Gouverneur von der Ankunft unterrichtet und
der empfing Puschkin äußerst freundlich, glaubte er
doch, dass der Dichter ein geheimer Revisor aus
St. Petersburg wäre. Aber Puschkin brach bald auf
nach Orenburg, dem Zentrum von Pugatschows
Aufstand. Das fertige Manuskript hatte er in der
Reisetasche.

An seine Frau schrieb er: *„Wie geht es Frauchen?
Hast Du Langeweile? Ohne Dich befällt mich der
Trübsinn…Wie gut ich mich führe! Wie Du damit
zufrieden wärst: Ich mache keinem Landfräulein*

den Hof, kneife der schönen Posthalterin nicht in…, kokettiere nicht mit glutäugigen Kalmückinnen und habe so gar auf eine freizügige Baschkirin verzichtet…Kennst Du das Sprichwort: In der Fremde ich auch eine Alte eine Gottesgabe. Siehst Du, mein liebes Frauchen, nimm Dir ein Beispiel an mir."

Puschkin sprach mit Kosaken und sogar Augenzeugen der Rebellion. Einer sehr alten Frau, die sich noch erinnerte, schenkte er ein Goldstück, worauf sie von den Bauern zum Gouverneur mit der Behauptung gebracht wurde, dass einer durch die Dörfer reist, der Gold dafür verteilt, den Pugatschow-Aufstand wieder aufleben zu lassen.

Von Orenburg fuhr Alexander Puschkin im Herbst weiter auf sein Gut Boldino, wo ihn die Farben des mittelrussischen Herbstes zu schönen Gedichten inspirierten. Und wie schon oft erwies sich diese Weltabgeschiedenheit als magischer Ort beeindruckender Schöpferkraft. Hier verfasste der Dichter das Poem „Der eherne Reiter", über ein Standbild Peter I. von Falconet, welches der französische Bildhauer im Auftrag Katharina II. geschaffen hatte.

Wo Wellen ödem Ufer nahn,
Stand Er, erfüllt vom großen Plan,
Und sah hinaus. Breit vor ihm jagte
Der Fluss dahin; ein armer Kahn
Allein sich auf die Strömung wagte.

Auf schwankem Moos am Uferrand
Schwarz hie und da ein Blockhaus stand,
Die Zuflucht ärmlicher Karelen;
Und, mit der Sonne kaum bekannt,
Die Nebelschwaden ihm verhehlen,
Rauscht' rings der Wald.

Hier wollen wir dem Schweden trutzen,
Hier stehe eine Stadt am Meer,
Des Nachbarn Übermut zu stutzen.
Uns tut, was die Natur hier bot,
Ein Fenster nach Europa not,
Am Meere festen Fuß zu fassen.

Als Gast auf neuer Flut legt dann
Bald jede Flagge bei uns an;
Da wird manch Fest sich feiern lassen.
Ein Hundertjahr verging – Triumph
Und Zierde mitternächtigen Landen –
Aus finstrem Wald, aus schwankem Sumpf
Ist prachtvoll-stolz die Stadt erstanden.

Die Newa hüllt' sich in Granit,
So manche Brücke ist geschlagen,
Mit dunkelgrünen Parkanlagen
Sich manche Insel überzieht.

Du, Peters Schöpfung, bist mir teuer,
Ich lieb die strenge Wohlgestalt,
Der Kais granitene Gemäuer,
Die Newa, wie sie machtvoll wallt.

Zeitgenössische Illustration zum Poem

In diesem Poem verarbeitet Puschkin auch die gewaltige Sturmflut von 1824, die der Dichter selbst miterlebte. Im November drückte ein gewaltiger Orkan die Wellen meterhoch aus dem Finnischen Meerbusen in die Stadt, so dass das Wasser 4,10 Meter über dem Petersburger Normalnull stand. Im vorgelagerten Kronstadt und der Wassiljewski-Insel stand es noch höher. Es war eine der größten Katastrophen für die flache, sumpfige Stadt. Auch das Zentrum, die herrlichen Paläste und die Peter-und-Pauls-Festung standen in den Fluten der Newa, die kein Ufer mehr kannte. Auf dem Schlossplatz hinter dem Winterpalast, in dem Zar Alexander I. und seine Generäle machtlos dem Toben der Fluten zusahen, stand das Wasser mannshoch.

Alle Keller und angelegten Warenlager, die ein-
geschossigen Holzhäuser und das Erdgeschoss
der prunkvollen Paläste waren unter Wasser. Nach
offiziellen Angaben sollen über 500 Menschen in
den Fluten ertrunken sein. Seit der Gründung der
Stadt 1703 wurden 297 Überschwemmungen re-
gistriert davon drei mit einem Anstieg des Was-
serspiegels um mehr als drei Meter in der Stadt.

Nach dieser größten Überschwemmung 1824 erar-
beitete der Ingenieur Pjotr Basen den Plan eines
Schutzdammes durch den Finnischen Meerbusen,
der jedoch in der damaligen Zeit als undurchführbar
galt und auch war. Es dauerte bis zum August
2011, bis der fünfundzwanzig Kilometer lange und
drei Milliarden Euro teure Schutzwall vor St. Petersburg eingeweiht werden konnte.
Das Standbild Peter I. ist heute nicht nur das be-
liebteste Fotomotiv der Touristen aus aller Welt,

sondern hat für die Petersburger auch eine besondere Bedeutung. Hier am Denkmal des Stadtgründers, der das Tor Russlands nach Europa aufgestoßen hatte, legen Bräute ihre Sträuße nieder.

Und es ist umgeben von traurigen und mystischen Geschichten: *Bei einer starken Überschwemmung der Newa, es muss die von 1824 gewesen sein, kommt die Braut eines kleinen Beamten wenige Tage vor der geplanten Hochzeit in den Fluten um. Der Bräutigam lamentiert und gibt die Schuld am Tod der Zukünftigen dem Zaren Peter I., der Petersburg in den Newasümpfen und damit am falschen Ort bauen ließ. Der beinahe Witwer kippte sich gehörig einen hinter die Binde, vielleicht aus Trauer, aber vor allem um sich Mut anzutrinken und eilte nun berauscht und wodkastark zum Reiterstandbild. Dort angekommen, drohte und fluchte er gegen das Denkmal des Großen Peter und hat wohl auch den Sockel unanständig mit offener Hose benetzt. Ob es wirklich und wahrhaftig so war, wie Augenzeugen gesehen haben wollen oder nur der Suff ein Trugbild zauberte, jedenfalls wurden plötzlich Ross und Reiter lebendig, sprangen vom Sockel und verfolgten den Beamten niedrigen Standes bis dieser wahnsinnig geworden in die Fluten der Newa sprang und elendig ertrank.*

Die andere wahre Geschichte betrifft den Bildhauer des „Eherner Reiters", Monsieur Falconet:

Das bronzene, etwas herrische Antlitz des großen Peter wurde nämlich nicht vom Meister geschaffen, sondern von zarter Mädchenhand, vom weiblichen Bildhauerlehrling, der bezaubernden, blutjungen Marie-Anne Collot. Sie war ihrem Meister aus Bewunderung, andere sprechen von Liebe, nach Russland gefolgt und hier mit nur achtzehn Jahren im ungewohnten rauen Klima gestorben. Katharina II. erfuhr von dem Schicksal des Mädchens und lies, tief erschüttert, von der jungen Französin eine marmorne Büste anfertigen.

In Boldino entstanden noch zwei Volksmärchen, so „Der Fischer und das goldene Fischlein", eine russische von „Der Geschichte vom Fischer un syne Frau" sowie und „Von der toten Zarentochter und den sieben Recken", das sich das Schneewitchenschicksal zum Vorbild nahm. Puschkins Quelle war eine französische Auswahl von Grimms Märchen, aus denen ihm schon seine Kinderfrau vorgelesen hatte. Als er nach eineinhalb Monaten nach Petersburg zurückkam, war er überrascht, dass die Geschichte von Pugatschow vom Zar, dem alle Puschkin-Manuskripte auf persönlichem Wunsch vorgelegt werden mussten, zum Druck freigegeben worden war. Puschkin sollte nur den Titel ändern. Doch beim Poem „Der eherne Reiter" wünschte seine Majestät Nikolaus I. soviel Korrekturen, dass

Puschkin auf eine Veröffentlichung vorerst verzichtete, obwohl er gerade für das Poem eine erkleckliche Summe erwartet hatte. Um über die Runden zu kommen, nahm der Dichter ein Darlehen von 20.000 Rubeln bei der Staatskasse auf, was ihm wohlwollend mit Zustimmung des Zaren gewährt wurde, dem der Unruhestifter Puschkin nun noch mehr verpflichtet war.

Aber der russische Alleinherrscher war damit noch nicht am Ende, dem Literaten seinen Willen aufzuzwingen und gleichzeitig dessen schöne Frau um sich zu haben. Nikolaus I. ernannte den ersten Dichter Russlands, das war Puschkin seit einigen Jahren unbestritten, zum Kammerjunker. Das war keine Beförderung, sondern eine gewollte Demütigung, bekamen diese Hofcharge junge Adlige mit achtzehn Jahren. Puschkin aber war 34, hatte Familie und grau werdendes Haar. Natürlich durchschaute Puschkin diesen perfiden Plan, denn nun musste er und damit auch seine Frau zu den Privatbällen des Zaren erscheinen. Enttäuscht vertraut er seinem Tagebuch an: *„Vor drei Tage wurde ich zum Kammerjunker ernannt (was meinem Alter recht schlecht ansteht) Aber der Hof wollte, dass Natalia Nikolajewna im Anitschkow-Palast tanzt."*

Das Jahr hielt weiteres Ungemach für den Dichter bereit. Sein Vater, der einstige Gardeoffizier **Sergej Lwowitsch Puschkin** rückte damit heraus, dass das zur Hochzeit geschenkte Gut in Boldino mit mehr als 100.000 Rubel verschuldet und er selbst in St. Petersburg praktisch mittellos sei.

Puschkins Vater Sergej Lwowitsch Puschkin

Als die Ballsaison im März ihren Höhepunkt erreichte, Natalia tanzte jeden Abend und Puschkin begleitete sie aus Fürsorge und Eifersucht, erlitt sie beim Tanz einen Schwächeanfall und zu Hause, wohin sie der besorgte Gatte bringen ließ, eine Fehlgeburt. Puschkin schickte sie mit den beiden Kindern aufs Land, wo sie sich erholen sollte. Er schrieb ihr zärtliche Briefe und sie wiederum

139

ermahnte ihn, treu zu sein, obwohl sie selbst mit den Landadligen der umliegenden Güter heftig koketierte.

Da die Schulden von Tag zu Tag in dem mondänen St. Petersburg wuchsen, würde Puschkin gern aufs Land ziehen, wo das Leben billiger wäre und er mehr Ruhe zum Arbeiten fände. Im Gedicht „Mein Freund, es ist wohl Zeit Pora, moj, drug, pora" kommt sein Wunsch zum Ausdruck, dem Gesellschaftsleben zu entfliehen. Er sehnte sich im Gegensatz zu seiner Frau – nach einem einfachen und vor allem billigeren Leben auf dem Land.

Mein Freund, es ist wohl Zeit,
dem Herzen Ruh zu geben.
Tag über Tag flieht hin
nimmt von unserm Leben
ein Stück im Stundenschnitt.

Wir sind noch erst beim Plan,
wie wir gemeinsam leben,
schon kommt der Tod heran.
Auf Erden ist kein Glück,
doch, wenn wir wollen, Frieden.

Schon lange träume ich,
es werde mir beschieden,
dem müden Dienstmann,
weit in einem fernen Land
mein Tagwerk still zu tun
und rein und unerkannt.

Doch seine Sehnsucht, das wusste der Dichter, würde unerfüllt bleiben, weil seine liebe vergnügungs- und putzsüchtige Natalia niemals ein Landleben dem in St. Petersburg vorziehen würde. Außerdem wäre ja da noch der lästige Staatsdienst. Um wenigstens hiervon entbunden zu werden, schrieb Puschkin Mitte 1834 ein Entlassungsgesuch. Shukowski, der Erzieher der Zarenkinder und Leiter der kaiserlichen Bibliothek, versuchte Puschkin zu überreden, das Gesuch zurück zu nehmen, weil Puschkin beim Zaren in Ungnade fallen würde. Doch der Trotzkopf hatte das Schreiben bereits abgesandt.

Zar Nikolaus I. und Alexander Puschkin

Natürlich bekam es der Zar in die Hände, der jedes Werk von Puschkin vor der Herausgabe zensierte.

141

Nikolaus I. ließ durch Minister Benckendorff mitteilen, dass er Puschkin nicht halten würde. Aber zu den Archiven könne er nur jenen Personen Zutritt gewähren, die sich seines Vertrauens würdig erwiesen hätten. Das wäre das Aus für die Arbeit am Werk über Peter den Großen gewesen und so nimmt Puschkin mit Shukowskis Hilfe reumütig und schweren Herzens das Gesuch zurück.

An seine Frau, die heilfroh darüber war, denn sie plante schon die Ballkleider für die nächste Saison im Anitschkow-Palast, schrieb er, wie Shukowski ihm den Kopf gewaschen hätte und er mit der Rücknahme des Gesuchs nicht beim Zaren den Eindruck der Undankbarkeit hinterlassen hätte. Natalia reiste über Moskau zurück und machte ihrem Mann den Vorschlag, ihre beiden Schwestern mitzubringen, die darauf brannten, das Petersburger Hofleben kennen zu lernen und sie so dem Einfluss ihrer inzwischen trunksüchtigen Mutter zu entziehen. Puschkin war alles andere als erfreut, bedeutete das doch für ihn Mehrausgaben, also neue Schulden. Dabei war er doch vor allem nach Boldino gereist, um die Finanzen des Gutes zu ordnen. Und das war schwer genug, belastete den Dichter so stark, so dass er nervös und erschöpft nicht zum Schreiben kam.

Als er Mitte Oktober wieder in St. Petersburg eintraf, fand der die Damen Gontscharow gleich dreifach vor. Schon Anfang Dezember 1834 wurde zum ersten Ball in den Zarenpalast geladen und weil

Puschkin nicht jedes Mal unter fadenscheinigen Gründen fernbleiben konnte, musste er nun drei Damen zu den Bällen begleiten. Da erschien er meist schlecht gelaunt und schweigsam. Denn die finanzielle Situation steuerte auf ein Inferno zu, auch wenn Natalias Tante, die reiche Hofdame Jekaterina Sagrjashskaja ihre Nichte nicht nur in der Hofetikette, sondern auch materiell unterstützte. Weitere Puschkins baten um Geld. Die Eltern standen vor dem Ruin und der kranken Mutter waren gute Ärzte zu teuer. Alexanders Bruder Lew, der inzwischen zum Hauptmann befördert worden war, verlangte seinen Anteil am väterlichen Erbe zum begleichen seiner Spielschulden.

Lew Puschkin

143

Und schließlich forderte auch der Schwager den Anteil von Puschkins Schwester aus dem väterlichen Besitz, der ja hoch verschuldet war.

Nach der Ballsaison Ostern 1835 flüchtete Puschkin nach Michailowskoje und überlies den drei Schwestern das Feld. Mit nahm er den frisch gedruckten 4. Band „Gedichte A. Puschkin". In der Provinz traf er Zizi Wulff wieder, die inzwischen verehelichte Baronin Wrewskaja. Die Tage dort waren glücklich und es deutete sich eine fruchtbare Schaffensperiode an. Doch schon nach wenigen Tagen jagte er nach Petersburg zurück und kam dennoch ein Tag zu spät zur Geburt seines Sohnes Grigori. Nun versuchte Puschkin noch einmal, vom lästigen Hofdienst befreit zu werden und schrieb einen artigen und langen Brief an Benckendorff, in dem er schonungslos seine finanzielle Lage schilderte und um einen drei- bis vierjährigen Urlaub bat:

„Der Zar hat mich mit Wohltaten überschüttet. Ich wäre verzweifelt, wenn seine Majestät in meinem Wunsch, mich aus Petersburg zu entfernen, ein anderes Motiv sehen sollte, als eine absolute Notwendigkeit. Allein das geringste Zeichen von Unzufriedenheit würde genügen, in meiner jetzigen Position zu verharren…"

Nikolaus I. machte eine Randnotiz auf das Schreiben, dass es kein Hinderungsgrund für Puschkin gäbe, dorthin zu gehen, wohin der wollte. Doch wenn er nicht um sein Ausscheiden bäte, gäbe es keinen Grund, ihm so lange Urlaub zu gewähren. Denn der Zar ist fest entschlossen Puschkin und vor allem dessen Frau in seiner Nähe zu wissen. Der Zar notierte auf dem gleichen Brief: *„Wenn er Geld braucht, ist der Zar bereit, ihm zu Hilfe zu kommen, er muss es nur sagen und wenn er einige Zeit auf dem Lande in Michailowskoje verbringen will, gewähre ich ihm vier Monate Urlaub."*

Und tatsächlich bekommt er aus der Staatskasse 30.000 Rubel, die durch Einbehaltung seines Gehalts ausgeglichen werden sollen. So konnten wenigstens die ungeduldigsten Gläubiger zum Teil befriedigt werden und Puschkin wollte seinen Urlaub antreten. Aber Natalia war nicht bereit, ihn nach Michailowskoje zu begleiten und so reiste Puschkin allein. Die ersten Wochen waren eine endlose Erholung des Erschöpften und er schrieb zärtliche Briefe an seine Frau, die sie aber nicht erwiderte. Nach fast einem viertel Jahr griff Puschkin, nachdem er die Schulden des Gutes fast halbiert hatte, wieder zur Feder. Er arbeitete an Entwürfen zu „'Ägyptische Nächte", an einem Drama zum Zerfall des Rittertums und an einigen Gedichten.

Nach Petersburg zurückgekehrt, schilderte er seinem Freund Pawel Naschtschokin, der inzwischen geheiratet hatte, resigniert wie der Ton in seinen letzten Versen: *„Meine Familie vermehrt sich, wächst und tanzt lärmend um mich herum. Ich kann also mein Leben nicht beklagen und auch das Alter* *nicht mehr fürchten...Als Familienvater schaue ich ohne Neid auf die jungen Leute, die um mich herum wuselt. Also haben wir, Du und ich, gut daran getan, zu heiraten."*

Puschkin liebte seine Kinder und versuchte als besorgter Vater viel Zeit mit ihnen zu verbringen. Ganz anders Natalia und nun erwies es sich als Glücksfall, dass ihre Schwester Alexandrina im Haus war. Während Natalia mit ihrer ältesten Schwester Katharina das Gesellschaftsleben in vollen Zügen genoss, sie sich um Garderoben und Schmuck Gedanken machten, kümmerte sich Alexandrina hingebungsvoll um die drei Kinder und den Haushalt. Neben ihrer Häuslichkeit zeigte sie reges Interesse für die Arbeit Puschkins, begriff und verehrte ihn. Das tat Puschkin gut und so lernten sie sich mit der Zeit kennen und sogar in aller Form lieben, was Natalia zu Eifersuchtsszenen veranlasste.

Nach jahrelangem Ringen erhielt Puschkin im Januar 1836 endlich die Genehmigung, eine eigene literarische Zeitschrift herauszubringen. Er nannte sie „Sowremennik" – Zeitgenosse. Puschkin arbeitete wie besessen an der Herausgabe der ersten Nummer, die im April erscheinen sollte und macht dafür neue Schulden. Schmuck und Perlen wurden versetzt, doch sie brachten nur wenig ein und die Zahl der ungeduldigen Gläubiger wuchs. Auch beim Hauspersonal standen die Puschkins in der Kreide.

Im April erschien die erste Ausgabe in der neben Puschkins Gedichte und Poeme auch Beiträge von Shukowski, Gogol, Tjuttschew, Jasykow und Wjasemski enthalten waren. Nicht nur Puschkin, selbst seine Frau war von dem Erfolg dieses literarischen Journals überzeugt und voller Optimismus, dass sie schon vor der ersten Nummer ein neues, großes Landhaus mietete. Fachleute bezeichnen die ersten vier Bände der Zeitschrift, die im ersten Jahr herausgebracht wurden, als die beste, die je von einer literarischen Revue verlegt wurden. Und dennoch oder gerade wegen der hohen Qualität war der „Zeitgenosse" ein finanzieller Misserfolg. Es fehlten politische Nachrichten und Kommentare, Auslandskorrespondenzen und vor allem Gesellschaftsklatsch.

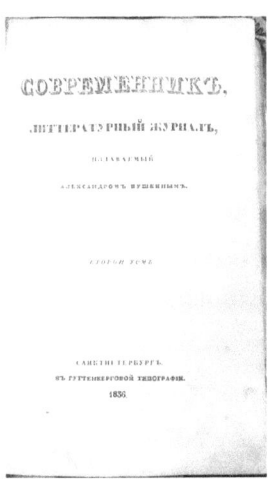

Puschkin schrieb aus Moskau an seine Frau: *„Die russische Literatur zu säubern, heißt Aborte putzen und von der Willkür der Polizei abhängig zu sein. Der Teufel soll sie alle holen, mein Blut verwandelt sich in Galle…"*

Puschkin wohnte in Moskau bei den Naschtschokins und genoss faul die freundliche Atmosphäre in dieser Familie, statt in den verstaubten Moskauer Archiven zu arbeiten. Er fühlte sich wohl und wurde nur immer unruhig, wen die Post von Natalia, der er jeden zweiten Tag schrieb, ausblieb. Vera Naschtschokina berichtete: *„Seine Liebe zu Natalia war außergewöhnlich. Er betete sie an und vertraute ihr. Er befürchtete nur die Folgen ihres naiven und extremen Leichtsinns. Seine Frau war gut, aber oberflächlich und leichtsinnig, der reinste Wind. Sie kam mir vollkommen gefühllos vor."*

Im Frühjahr mehrten sich Gerüchte, dass Natalia und der junge Graf Wladimir Sologub ein unehrenhaftes Verhältnis hätten, worauf Puschkin den jungen Mann eine Forderung schickte. Da der Graf aber auf Reisen war, sich das Gerücht als Lüge erwies und der 23jährige ein Verehrer von Puschkins Dichtungen war, wurde die Sache beigelegt.

Im April starb die Mutter Puschkins und wurde im Kloster Swatogorsk bei Michailowskoje beigesetzt. Tod und Leben lagen nah beieinander, denn im Juni entband Natalia, drei Tag vor seinem 37. Geburtstag, ihr viertes Kind, eine Tochter, die den Namen ihrer Mutter bekam. Und verspätete sich

Puschkin, aus Petersburg kommend, wieder um einen Tag zur Geburt seiner zweiten Tochter. Aber selbst dieses freudige Ereignis konnte Puschkins Gereiztheit und krankhafte Eifersucht nicht besänftigen, denn er glaubte, dass sich eine Liebesaffäre zwischen seiner Frau und den Leutnant der Chevaliersgarde, Baron Georges d'Anthès angebahnt hatte. Dieser junge, blonde und gutaussehende Offizier stand unter der Obhut der Zarin, die ihm auch seine Erstausrüstung von einigen zehntausend Rubeln für den Eintritt in die Garde bezahlt hatte.

Baron Georges d'Anthès

149

Er prahlte in aller Öffentlichkeit mit der Bevorzugung durch Alexandra Fjodorowna, der gebürtigen Charlotte von Preußen. Wegen seines angenehmen Äußeren und seines Auftretens, er war charmant, witzig und wusste die Damen zu unterhalten, wurde der junge Franzose in adligen Kreisen nur „Adonis" genannt. Sowohl Natalia und ihre Schwester verliebten sich in den Gardeoffizier.

Im November 1836 erschien eine Schmähschrift, in der Puschkin als gehörnter Ehemann dargestellt wurde. Und es gibt zahlreiche Beweise, dass sich d'Anthes und Natalia in der Ballsaison nicht nur nähergekommen waren, sondern sich in einander aufrichtig verliebten. Um Puschkins Frau, die ihr viertes Kind unter dem Herzen trug, ohne Klatsch und Tratsch näher zu sein, flirtete der Salonlöwe mit ihrer Schwester Katharina.

An seinen Adoptivvater Baron van Heeckeren schrieb er: *„Mein lieber Freund, die Maskenbälle sind vorüber und damit auch ein Teil meiner Qualen...Als ich sie* (zweifellos war von Natalia Puschkina die Rede) *sah, hatten wir eine Aussprache, die schrecklich war, mir aber guttat. Diese Frau, der man gewöhnlich wenig Geist bescheinigt, ist so taktvoll, anmutig und geistreich, wie es besser nicht sein kann. Ich weiß nicht, ob die Liebe sie so verändert hat...Und sie sagte mir: Ich liebe Sie, wie ich nie geliebt habe; aber verlangen sie niemals mehr als mein Herz, denn alles Übrige gehört mir nicht...Bedauern Sie mich und lieben Sie mich so,* *wie Sie es jetzt tun. Meine Liebe wird Ihr Lohn sein."*

Sobald sich seine Frau von der Geburt erholt hatte, siedelte die ganze Familie auf ihre Datscha nach Kamennij Ostrow im Norden Petersburgs für den Sommer über um. Die Bälle waren vorüber, die Garde im Manöver und die wenigen Einladungen schlugen die Puschkins mit Hinweis auf die Trauerzeit nach dem Tod von Puschkins Mutter aus. Der Dichter genoss das einfache Datschenleben in der Sommerfrische und notierte im Tagebuch kurz: *„Dichterische Arbeiten, die Familie, die Liebe!"*

Zu den wenigen Besuchern, die bei Puschkin auf der Datscha vorsprachen, gehörte der französische Schriftsteller Loewe-Weimar. Beindruckt von dem friedlichen Leben schrieb er *„Sein Glück war beneidenswert in diesem großen Haus, wo es fröhlich zuging, umgeben von der jungen Familie und seinen Büchern, kurz, von allem, was er liebte."*

Puschkin kam in dem verregneten Sommer, der sehr auf seine Stimmung schlug, wenig zum Arbeiten. Dennoch zwang er sich, weitere Ausgaben seines „Zeitgenossen", mit der Druckerei war immer noch eine Rechnung offen, vorzubereiten wie auch eine Gesamtausgabe seiner Gedichte.

Die Geldsorgen brachten Natalia dazu, ihren Bruder Dmitri um Geld zu bitten: *„Wir sind in solcher Notlage, dass ich an manchen Tagen nicht weiß, wie ich das Haus führen soll. Ich möchte meinen Mann nicht mit diesen kleinen häuslichen Sorgen*

151

belasten, sehe ich doch, wie traurig er ist. Er ist niedergedrückt, kann nicht schlafen und ist dadurch nicht imstande zu arbeiten…Mein Mann hat mir so viel Beweise seiner Uneigennützigkeit gegeben, dass es mehr recht als billig ist, wenn ich mich bemühe unsere Lage zu erleichtern…Ich bitte Dich um diesen Gefallen, von dem mein Mann nichts wissen darf."

Sie kannte Puschkin letzten Gedichte, in denen immer wieder die Todessehnsucht angeklungen war. Nach einem Besuch am Grabe seines Freundes aus Lyzeumstagen Anton Delwig, der 1831 mit nur dreiunddreißig Jahren gestorben war, verfasste Puschkin eine erschreckend nüchterne Beschreibung des Moskauer Friedhofs, auf dem die Toten unter prunkvollen Grabmälern im Morast verfaulen. Puschkin dachte an sein eigenes Grab neben seiner Mutter auf dem Friedhof des Swatogorsker Klosters.

All das macht mich verwirrt,
Ich werde ganz benommen,
Ich fühle mich bedrückt
Und übel und beklommen.
Ich spucke aus und flieh.
Doch gut ist es und schön
Im Herbst zur Abendzeit
Ins Feld hinaus zu gehn
Zum Friedhof, wo die ruhn,
Die hier im Dorf verschieden.

Die Toten schlafen hier
In feierlichem Frieden.
Hier hat ein jeder Raum,
Und hier fehlt alle Pracht;
Kein bleicher Dieb beraubt
Ein Grab in dunkler Nacht.
Zuweilen ganz allein,
Kommt einer von den Bauern,
An einem vermoosten Kreuz
Zu beten und zu trauern.
Statt eines Monuments
Mit bronzenem Trauerflor,
Statt eines Genius,
Der seine Nase verlor,
Beschirmt ein Eichenbaum
Groß die erlauchten Gräber
Und schwankt und rauscht der Wind…

Im September zogen die Puschkins wieder in die Stadt und Alexander Puschkin mietete für die erweiterten Familie und zwanzig Bedienstetste eine große Wohnung an der Moika, im Haus, das der Fürstin Wolkonskaja gehörte. Nun ergab es sich, dass die verliebten Gontscharow Schwestern nicht nur in den Salons ihrer Bekannten und Freunde d'Anthès trafen, mit ihm lachten, scherzten und tanzten, sondern regelmäßig zusammen ausritten.

Die Gräfin Dolly Fiquelmont notierte: „*Ob es nun der Ehrgeiz der Madame Puschkina war, geschmeichelt und erweckt, oder d' Anthès tatsächlich ihr Herz gerührt oder verwirrt hatte, wie dem auch sei, sie konnte seine ungebändigte öffentliche und zügellose Verliebtheit nicht mehr zurückweisen…Es war allen ersichtlich, dass sie die Fähigkeit, diesen Mann in Grenzen zu halten, eingebüßt hatte. Das ermutigte ihn in seiner Absicht, es bis zum Äußersten zu treiben."*

Die Fürstin Wjasemskaja machte d'Anthés Vorhaltungen und als er die lachend quittierte, verbot sie dem Franzosen sogar ihr Haus. Puschkin musste dieses Geplänkel zwischen seiner Frau und dem Gardeoffizier mitansehen und es war nur noch eine Frage der Zeit, bis es zum offenen Eklat kommen würde.

Am 4. November 1836 erhielten Puschkin und seine Freunde mit der Post einen mit verstellter Handschrift in Französisch geschriebenen Brief:

„Die Großkomture und Ritter des erlauchten Ordens der Hahnreihe, versammelt im Großkapitel unter dem Vorsitz des ehrwürdigen Großmeisters des Ordens, S. Exz. D.L. Naryschkin, haben einstimmig Herrn Alexander Puschkin zum Koadjutor des Großmeisters des Ordens der Hahnreihe und zum Historiographen des Ordens ernannt. Der ständige Sekretär Graf J. Borch."

Es ist bis heute nicht geklärt, wer der Verfasser des Schreibens gewesen war. Puschkin vermutete eine Intrige des holländischen Gesandten Heeckeren und seines Adoptivsohnes. Der Dichter hatte eine ernste Aussprache mit seiner Frau, die ihm ihr

Verhältnis zu d' Anthès schilderte. Darunter folgende Episode. Eines Tages war Natalia zu ihrer vermeintlich guten Freundin Idalia Poletike in deren Wohnung eingeladen, die im Kasernenbereich der Garde lag. Als Natalia dort eintraf, war die Hausherrin nicht anwesend, dafür aber d'Anthès. Der wollte das unverhoffte Zusammentreffen zu einer Erpressung nutzen. Er zog eine Pistole und drohte sich zu erschießen, falls Natalia sich weigere, sich ihm hinzugeben. Puschkins Frau begann zu schreien, wodurch einige Diener herbeigelaufen kamen, so dass sie aus der Wohnung fliehen konnte.

Noch am gleichen Tag schickte Puschkin eine Duellforderung an d'Anthès, der aber Wachdienst im Regiment hatte. Zunächst versuchte Baron von Heeckeren das Duell mit Hinweis auf die bevorstehende verschwägerte Verwandtschaft zu verhindern. Dann wollte er Natalia dazu bewegen, dass sie an seinen Adoptivsohn d'Anthès schreibt, dass der sich nicht duellieren möge. Sie wies dieses Ansinnen empört zurück. In ihrer Not wandte sie sich an Shukowski, der sich mit dem holländische Gesandten traf. Der eröffnete ihm ein sogenanntes Familiengeheimnis, dass sein Adoptivsohn schon lange in Katharina Gontscharowa verliebt sei und nur er hätte eine Hochzeit als unpassend abgelehnt. Nun aber, da das Duell im Raume stand, würde er einer Eheschließung nicht mehr im Wege stehen und mit dem Gedanken an künftige verwandtschaftliche Beziehungen müsse die leidige

Duellgeschichte beigelegt werden. Als Puschkin das erfuhr, bekam er einen Wutanfall und glaubte nicht an die Heiratsabsichten des St. Petersburger Courschneiders.

Tagelang wurden die Boten hin und her geschickt, doch Puschkin war nicht zu bewegen, die Forderung zurückzunehmen. Mitte November beauftragte der Dichter seinen Sekundanten, die Bedingungen für das Duell auszuhandeln. *„Je blutiger, desto besser!"* Das Duell wurde für den 21. November um acht Uhr morgens festgelegt, Pistolen, Abstand nur zehn Schritte. Doch auch der Zar hatte von dem bevorstehenden Ehrenhandel erfahren und Puschkin zu einem Gespräch gebeten. Was zwischen Nikolaus I. und Puschkin besprochen wurde, ist nicht bekannt, aber aus dem Freundeskreis des Dichters verlautete, dass Puschkin dem Zaren wohl versprochen hätte, sich nicht zu duellieren.

Im Dezember erschien im „Sowremennik" Puschkins Roman „Die Hauptmannstochter". Die Leser waren begeistert, auch über die elegante Neuauflage des „Jewgenij Onegin". Das spornte den Autor an, einen neuen Roman in Angriff zu nehmen, der in der Petersburger Gesellschaft zwischen 1810 und 1820 spielen sollte. Zudem bereitete er eine kommentierte Ausgabe des berühmten mittelalterlichen „Igor-Liedes" vor. Und obwohl er in diesen Wintermonaten gezwungen war, auf den

Bällen zu erscheinen, las und schrieb er zu Hause bis zum Umfallen.

Puschkin mit Natalia auf einem Ball

In der Wohnung an der Moika verschärften sich die Spannungen. D'Anthès, der unglücklich in Natalia Puschkina verliebt war, brachte ein Opfer, um die Geliebte von den üblen Verleumdungen und Nachreden zu befreien und heiratete am 10. Januar 1837 recht schweren Herzens deren unattraktive Schwester Katharina. Nun war Natalia auf Katharina eifersüchtig und auf ihre jüngste Schwester Alexandrina, der sie ein Verhältnis mit ihrem Mann unterstellte, und Puschkin platzte vor Eifersucht auf seinen Schwager d'Anthès. Er verweigerte dem jungen Paar den Zutritt zu seinem Haus, aber es gab für Natalia bei den Bällen genug Gelegenheiten d'Anthès zu sehen. Der provozierte seinen Schwager weiter und bei einem Ball fragte er Natalia, ob sie mit dem Fußpfleger, den ihr seine Frau empfohlen hatte, zufrieden sei. Dieser hätte nämlich gesagt, dass die Hühneraugen von Natalia schöner wären als die seiner Frau. Im Französischem klingt Hühnerauge – le cor – gleich wie le corps – der Körper.

Die Gräfin Fiquelmont notierte: *"Puschkin, zutiefst beleidigt, sah ein, wie sehr er auch von der Unschuld seiner Frau überzeugt sein mochte, vor den Augen der Gesellschaft und vor allem seiner Freunde war sie schuldig."* Das war der berühmte Tropfen, der das Fass zum Überlaufen brachte und Puschkin schrieb einen beleidigenden Brief an Baron von Heeckeren, der wegen seiner Wichtigkeit in voller Länge wiedergegeben wird:

„Herr Baron! Gestatten Sie mir, zu resümieren, was kürzlich geschehen ist. Das Verhalten Ihres Herrn Sohnes war mir seit langem bekannt und konnte mir nicht gleichgültig sein. Ich begnügte mich mit der Rolle des Beobachters, bereit einzuschreiten, sobald ich es für angebracht hielte. Ein Zwischenfall, der mir zu jedem anderen Zeitpunkt sehr peinlich gewesen wäre, kam mir sehr gelegen: ich erhielt anonyme Briefe. Ich sah, dass der Moment gekommen war, und nutzte ihn. Das übrige kennen Sie: ich ließ Ihren Herrn Sohn eine derart klägliche

Rolle spielen, dass meine Frau, erstaunt über so viel Feigheit du Geschmacklosigkeit, sich des Lachens nicht enthalten konnte, und das Gefühl, das sie vielleicht für jene große und erhabene Leidenschaft gehabt haben mochte, in gelassener Verachtung und wohlverdientem Abscheu erlosch.

Ich muss bekennen, dass die Rolle, die Sie, Herr Baron, gespielt haben, nicht ganz fein war. Sie, der Repräsentant eines gekrönten Hauptes, sie waren als Vater der Kuppler Ihres Sohnes. Es scheint, dass sein ganzes (übrigens ziemlich ungeschicktes) Verhalten von Ihnen gesteuert war. Vermutlich diktieren Sie ihm die Armseligkeiten, die er produzierte, und die Albernheiten, die zu schreiben er sich hergab. Wie ein schamloses altes Weib haben Sie meiner Frau an allen Ecken aufgelauert, um ihr von der Liebe Ihres Bastards, oder was er sonst auch ist, zu erzählen; und als er an Syphilis erkrankt zu Hause bleiben musste, haben Sie gesagt, er sterbe aus Liebe zu ihr; haben Sie gemümmelt: Gegen Sie mir meinen Sohn wieder!

Sie sehen wohl ein, Herr Baron, dass ich nach all dem nicht dulden konnte, dass meine Familie auch nur die geringste Beziehung zu der Ihren unterhält Nur unter dieser Bedingung war ich einverstanden, diese schmutzige Affäre nicht weiterzuverfolgen und Sie weder in den Augen unseres Hofes noch des Ihren zu entehren, wozu ich imstande und willens war. Ich habe keine Lust, dass meine Frau noch weiter Ihre väterlichen Aufmunterungen zu

159

hören bekommt. Ich kann nicht zulassen, dass Ihr
Sohn nach dem gemeinen Verhalten, das er an den
Tag gelegt hat, noch wagt, meine Frau anzu-
sprechen, und noch weniger, dass er ihr Kaser-
nenhof-Kalauer präsentiert und Aufopferung und
unglückliche Liebe vorspielt, während er nichts ist
als ein Feigling und Halunke. Ich bin somit ge-
zwungen, mich an Sie zu wenden, um Sie zu bitten,
diesem ganzen Treiben ein Ende zu machen, wenn
Sie Wert darauflegen, einen neuen Skandal zu
vermeiden, vor dem ich gewiss nicht zurück-
schrecken werden.
Ich habe die Ehre zu sein, Herr Baron, Ihr unter-
tänigster und gehorsamer Diener.
Alexandr Puschkin"

Natürlich wusste Puschkin, dass sich der alte
Heeckeren als Diplomat nach so einer Beleidigung
nicht duellieren konnte. Und als am Mittag ein Bote
mit dem Brief von d'Anthès kam, nahm er, ohne
den Brief zu lesen, die Herausforderung an. Als
seinen Sekundanten bat er den britischen Bot-
schaftsrat Arthur Magenis, der ablehnte und so
wurde Oberstleutnant Konstantin Danzas, ein Klassenkamerad aus dem Lyzeum Puschkins Sekun-
dant, der diesen Freundschaftsdienst nicht ablehn-
nen konnte. Die ausgehandelten Bedingungen
waren mörderisch: Zwanzig Schritt Abstand und
wenn beide Parteien geschossen haben und kein
Ergebnis erzielt wurde, wir das Ganze wiederholt!

Es war der 8. Februar 1837. Beide Parteien kamen gegen halb fünf am Nachmittag an dem Flüsschen Tschornaja Retschka an. Es war kalt, der Schnee lag kniehoch, so dass die Sekundanten erst einen zwanzig Schritt langen und einen halben Meter breiten Pfad in den Schnee treten mussten. Auf Kommando schoss d'Anthès als erster. Puschkin sank getroffen auf den Mantel seines Sekundanten nieder. D'Anthès wollte aus Puschkin zugehen, doch der hielt ihn mit den Worten zurück: *„Warten Sie, ich fühle mich stark genug, meinen Schuss abzugeben!",* und schoss sich aufstützend. Auch sein Gegner war getroffen und stürzte, worauf Puschkin seine Pistole in die Luft warf und *„Bravo"* rief.

Dann verlor er das Bewusstsein. Als er wieder zu sich kam, fragte er, ob sein Gegner tot wäre und erfuhr, dass der nur am Arm und an der Brust verwundet wurde, sagte der Dichter: *„Seltsam, ich hatte geglaubt, es würde mir Vergnügen bereiten, ihn zu töten, aber ich fühle, es ist nicht so".*

Und als d'Anthès ihm ein paar versöhnliche Worte sagen wollten, unterbrach ihn Puschkin und meinte, wenn sie beide wieder gesund wären, würden sie sich wieder aufs Neue duellieren.

Nach einer halbstündigen Fahrt erreichte die Kutsche mit dem schwer verwundeten Puschkin das Haus an der Moika. Er wurde im Arbeitszimmer auf ein Sofa gebettet und ein Arzt gerufen. Da seine eigenen Ärzte nicht zu erreichen waren, übernahm Dr. Scholz, der gerade d'Anthès Wunden versorgt hatte, die Erstbehandlung. Der Arzt verheimlichte Puschkin nicht, dass seine Verwundung sehr ernst war. Darauf blickte sich Puschkin zu seinen Büchern um und sagte: *„Lebt wohl, meine Freunde."*

Kurze Zeit später trafen der Hausarzt der Familie, Dr. Spaski, und der Chirurg und Leibarzt des Zaren, Dr. Ahrendt, ein. Die Ärzte bemühten sich die Blutung zu stoppen und Blutegel wurden gegen steigendes Fieber und sich eine abzeichnende Entzündung angesetzt. Aber eigentlich waren die Ärzte ziemlich ratlos und gaben dem Patienten gegen die starken schmerzen Opium.

Natalia, die kurz zu ihm gelassen wurde, sank zu seinen Füßen und klagte sich an. Doch Puschkin, seine Schmerzen waren durch das Opium gelindert, sagte, dass es nur seine Angelegenheit gewesen und sie schuldlos sei. Dann traf er Anordnungen, diktierte eine Liste seiner Schulden und lies Briefe verbrennen. Er bat den Zaren um Verzeihung, weil er nicht Wort gehalten hatte, sich nicht mehr zu duellieren. Dr. Ahrendt, der die Schwere der Schussverletzung erkannte, hielt durch einen Boten ständig Verbindung zu Nikolaus I., der Puschkin versichern lies, er würde sich um die Familie kümmern.

Der Todeskampf zog sich lange hin. Am 10. Februar gegen Mittag flüsterte Puschkin *„Das Leben ist zu Ende!"* Er starb leise und entspannt, so dass keiner der Anwesenden es zunächst bemerkte. Es war zwei Uhr fünfundvierzig. Die Nachricht von seinem Tod verbreitete sich wie ein Lauffeuer durch St. Petersburg. Viele Freunde aber auch Verehrer des Dichters waren gekommen. Es hieß, halb Petersburg strebte zum Haus an der Moika um Abschied zu nehmen.

163

Shukowski hatte dem Zaren wegen der großen Anteilnahme im Inn- und Ausland einige Vorschläge unterbreitet, die den Nachlass Puschkin betrafen und der Umgang mit seinem Tod. Nikolaus lehnte ab, einen kaiserlichen Nachruf zu veröffentlichen noch ein Denkmal zu errichten. Aber was die Familie betraf, ordnete er per Zarenerlass eigenhändig und großzügig an: Die Schulden (es waren 136.000 Rubel) zu bezahlen. Die Hypotheken auf das Gut zu tilgen, für die Witwe eine Pension auszusetzen und auch für die Töchter bis zu deren Verheiratung. Dazu eine Einmalzahlung von Zehntausend Rubeln.

Natalia Puschkina als Witwe

Die Söhne sollten in das Pagencorps ein-treten und für jeden sollten 1.500 Rubel zur Erziehung bis zum Eintritt in den Dienst angewiesen werden. Die Werke Puschkins sollten auf Staatskosten zugunsten der Witwe und er Kinder herausgegeben werden.

Natalia Puschkina verließ trauernd und verzweifelt die Hauptstadt und lebte zurückgezogen auf dem Landgut Boldino. Nach sieben Jahren zurückgekehrt in Sankt Petersburg, heiratete sie 1844 den General des Garde-Kavallerieregiments Pjotr Petrowitsch Lanskoi und brachte zwei weitere Kinder zur Welt. Sie starb 1863 im Alter von 51 Jahren.

Die literarische Sonne Puschkin sandte nicht nur ihre Strahlen in die Zukunft, sondern scharte auch eine Menge von Trabanten um sich. Zu den Dichtern der „Puschkinschen Plejade" gehörte Baron Anton Delwig, Puschkins nächster Freund und Lyzeumsgenosse. Er schrieb Sonette, leichte Gedichte und mit Vorliebe Lieder, von denen einige später wirklich den Weg ins Volk fanden. Auch Nikolai Jasykow, der in Deutschland studiert hatte und Wein und die Liebe besang neben einer Reihe ernster und religiöser Gedichte. Eine besonders rührende Erscheinung war Dmitrij Wenewitinow, ein frühvollendetes Talent mit einer erstaunlich selbstständigen Begabung.

Der bedeutendste unter Puschkins Trabanten, sozusagen eine Nebensonne, war Jewgenij Baratynski, ein gedankentiefer Lyriker. Von seinen nur einen schmächtigen Band füllenden Gedichten ist das bekannteste *Auf Goethes Tod*, wohl die schönste Huldigung, die dem deutschen Dichter von einem Ausländer zuteilwurde. Ein weiterer Dichter sei erwähnt, der zum Unterschied von allen nicht aus dem Adel, sondern aus einer tieferen Schicht des russischen Volkes stammte. Alexej Kolzow, Sohn eines Kleinbürgers und Viehhändlers aus Woronesh. Ohne eine richtige Bildung genossen zu haben, ohne eine fremde Sprache zu kennen, war er geborener Lyriker reinsten Wassers. In Moskau und Petersburg und lernte er Bjelinskij und Shukowski kennen, die sich des Dichters aus dem Volke annahmen. 1836 traf er persönlich seinen Abgott Puschkin. Kolzows bescheidene, auf Moll gestimmte Gedichte besingen die grenzenlose südrussische Steppe, das Leben des Landmanns, die unglückliche Liebe zu einem Mädchen, das er nicht heiraten durfte. Auch Kolzow war einem frühen Tode geweiht und starb, zweiunddreißigjährig, an der Tuberkulose.

Puschkin nach einem Gemälde
von Pjotr Kontscharowskij

Weitere Publikationen des Autors:

„Moskauer Venus" - Tagebuch eines Herumtreibers (unter dem Pseudonym Genadij Neshin) ISBN 3-8334-4474-6

„Ein Haus so himmelblau" - Ein Maler- und Liebesroman - ISBN 978-3-8423-9839-9

„Palette Russlands" Repin-Romanbiografie I. Band - ISBN 978-3-7322-2643-6
„Das Russlandgemälde" Repin-Romanbiografie II. Band ISBN 978-3-7357-4597-2
„Die Farben der russischen Seele" Repin-Romanbiografie III. Band ISBN 978-3-7412-4909-9

Kurzgeschichten
„St. Petersburg, mon amour!" ISBN 978-3-7357-5266-6
„Moskau, meine Trauer!" ISBN 978-3-7386-8827-6
„Moskau, fremde Schöne!" ISBN 978-3-7386-9723-0
„St. Petersburg, so kühl wie schön!" ISBN 978-3-7392-7611-0
„MOCKBA und die Moskauer" ISBN 978-3-7448-4351-5
Lyrik
„Liegengelassenes Aufgehoben" ISBN 978-3-7412-1395-3
„Vom Wegesrand gepflückt" ISBN 978-3-7528-7056-5 - **und weitere...**

Dank dem Russischen Kulturfonds, dem
Museum der Stadt Kyzyl, den Archiven
in St. Petersburg, Moskau und Ulan Bator
und dem Puschkin-Museum in St. Petersburg

Kontakt für Lesungen:
Hartmut Moreike
hartmut.moreike@kabelmail.de

Dieses kleine Bändchen erscheint in einer Zeit, in der in Deutschland wieder alte Feindbilder gegen Russland aufgebaut werden. Selbst die großen russischen Werke des Weltkulturerbes sind von engstirniger und dümmlicher Politik betroffen, die das größte Land der Welt und damit auch Europas trotz Sonntagsreden für ein vereintes Europa mit einem Bann belegen. Aber die Bücher von Lew Tolstoi und Fjodor Dostojewski regten Generationen von europäischen Schriftstellern zu unsterblichen Werken an. Und was wären die Bühnen ohne Tschechowsche Dramen, was die Welt ohne Krylows Fabeln, die Oper ohne Michail Glinka oder Rimski Korsakow, das klassische Ballett ohne Pjotr Tschaikowski und Anna Pawlowa. Es waren Filmschaffende wie Sergej Eisenstein, die die moderne Kinowelt revolutionierten. Die Maler Chagall, Malewitsch und Kadinsky öffneten ein neues Zeitalter in der Malerei.

Von den Wissenschaftlern wie Mendelejew, Lomonossow oder Pawlow ganz zu schweigen, von den Erforschern der Welt wie Krusenstern und Behring, von den Raketentechnikern wie Ziolkowski und Koroljow, den Botanikern Lyssenko und Mitschurin, um nur einige zu nennen. Ich möchte die deutschen Politiker an Herders Worte erinnern: *„Kein Volk sei ein von Gott einzig auserwähltes Volk der Erde; die Wahrheit müsse von allen gesucht, der Garten des gemeinsamen Bestens von allen gebauet werden."*

Seit nunmehr 42 Jahren reise ich kreuz und quer durch Russland.

Ich bin unterwegs, in Welten und Träumen, seit Jahrzehnten, auf der Suche nach Glück, Geborgenheit, nach interessanten Menschen, einem Land, das Ruhe bietet und die Chance, Fähigkeiten und Talente zu entfalten. Einem Land, in dem die Natur intakt ist und die Menschen freundlich und hilfsbereit sind. Einem Land, wo die Kunst einen hohen Stellenwert hat und der Freude dient. Einem Land, wo nicht Geld die Sonne am Himmel ist, sondern der schöpferische Mensch im Mittelpunkt von Politik und Wertschätzung steht. Einem Land, das die Schätze der nationalen wie europäischen Kultur vorurteilsfrei bewahrt und mehrt. Einem Land, in dem Kinder sorglos und unbehelligt aufwachsen, kostenlos betreut werden, angstfrei zur Schule gehen, wo sie auf ein ereignisreiches Leben sensibel von sehr klugen Leuten vorbereitet werden. Einem Land, in dem ehrliche und gute Arbeit jedweder Art gleich wert ist. Einem Land, in dem Extreme ob in der Politik, Kultur und Lebensweise ohne Nährboden sind und jeder des Anderen Lebensform toleriert. Und schließlich bin ich ein Suchender, ein noch immer kindlich Neugieriger, unterwegs im Studium der Charaktere, unterwegs zu literarischer Wahrheit und als bescheidener Freizeitmaler zu Motiven, Farben und Formen und der Beherrschung von Techniken, kurz gesagt, unterwegs... auf der Suche zu mir selbst!